aileni sev...

Hatice Kübra Tongar

İYİLEŞEN EVLİLİĞİM

Evliliğin Dünü, Bugünü ve Geleceği İçin İyileşme Reçeteleri

AİLE

Aile Yayınları: **87**

İYİLEŞEN EVLİLİĞİM
Yazar: **Hatice Kübra Tongar**

Genel Yayın Yönetmeni: **Hatice Kübra Tongar**
Yayın Danışmanı: **Ömer Faruk Paksu**
Editör: **Ayşe Çetintaş**
Kapak Tasarımı: **Turgut Kasay**
Sayfa Tasarımı: **Latif Çetinkaya**

ISBN: **978-625-97094-7-5**
Yayıncı Sertifika No: **73201**

1. Baskı: **Ekim 2020**
9. Baskı: **Mayıs 2025**

Baskı: Yıkılmazlar Basım Yay. Prom. ve Kağıt San. Tic. Ltd. Şti.
15 Temmuz Mah. Gülbahar Cad. No: 62/B Güneşli / İstanbul
Matbaa Sertifika No: 45464
Tel: 0212 630 64 73

Tongar Yayıncılık Sanayi ve Ticaret Ltd. Şti.
Yakuplu Mah. Hürriyet Bulvarı Skyport No: 1 Kat: 3 Daire No: 64
Beylikdüzü / İstanbul
Tel: 0212 352 00 50

www.aileyayinlari.com
bilgi@aileyayinlari.com
instagram.com/aileyayinlari
facebook.com/aileyayinlari
twitter.com/aileyayinlari

Genel Dağıtım: Hayykitap

Hatice Kübra Tongar

İYİLEŞEN EVLİLİĞİM

Evliliğin Dünü, Bugünü ve Geleceği İçin İyileşme Reçeteleri

HATİCE KÜBRA TONGAR

Nörobilim doktorantı, uzman psikolog, çocuk gelişimi uzmanı ve aile danışmanıdır. İlk kitabının yayınlandığı 2009 yılından bugüne kadar kitapları milyonlarca okura ulaşmış ve farklı dillere çevrilerek ülke sınırlarını aşmıştır. Evli, üç çocuk ve iki kedi annesi olan Tongar, Genel Yayın Yönetmeni olduğu Aile Yayınları'nda bebeklere, çocuklara, gençlere ve yetişkinlere içerikler üretmektedir. Şu an evine gidip baksak onu ya kitap okurken ya bir şeyler yazarken ya da çocuklarıyla oynarken bulmamız muhtemeldir.

Aile'mizdeki Yetişkin ve Genç Kitapları: *İyileşen Evliliğim, Fıtrat Pedagojisi, Korkutarak Değil Sevdirerek Din Eğitimi, Sen Annen Değilsin, Kardeş Kardeş Geçinen Çocuklar Yetiştirmek, Bağırmayan Çocuklar, Herkes O'nu (s.a.v.) Anlatıyor-2, Herkes O'nu (s.a.v.) Anlatıyor-1, Kız Çocuğu Yetiştirmek, Bağlanma Günlüğü*

İçindekiler

Canım eşime, muhabbetle...

Hz. Aişe (r.a.) bir gün eşine sorar:

"Ey Allah'ın Resulü beni seviyor musun?"

Peygamberimiz (s.a.v.), "Seviyorum..." der.

Hz. Aişe (r.a.) daha fazlasını duymak ister: "Nasıl seviyorsun?"

Efendimiz (s.a.v.) cevap verir: "Kördüğüm gibi..."

Aradan zaman geçer.

Aişe (r.a.) annemiz eşinin yüreğini arada yoklamak ister:

"Ya Resulallah kördüğüm ne âlemde?"

Kutlu Nebi muhabbetle yanıtlar: "İlk günkü gibi..."

Tüm evlilikler için Muhammedî bir muhabbet duası ile...

Haydi Bismillah...

Kitapların girişlerinde klasik bir 'Bu kitabı neden yazdım' kısmı vardır. Madem âdettendir, ben de oradan başlayayım söze. Yıllardır Türkiye'nin dört bir tarafında ebeveynlerle buluşuyorum. Uzun zamandır pek çok ebeveynin diline pelesenk olmuş *Bağırmayan Ebeveynlik* duasıyla ülkemin ulaşabildiğim her ailesinde çocuklar için şiddetsiz hava sahası oluşturmaya çalışıyorum. Tüm bu gayretlerim sırasında fark ettiğim en önemli şey ise çocuk eğitiminin evliliğin havasıyla nefes alıyor oluşu... Sistem şöyle işliyor; kadının ve erkeğin bireysel sağlığı karı-koca ilişkisinin sağlığını, evliliğin sağlığı ise ebeveynliğin kalitesini belirliyor. Büyük çatışmalar yaşanan bir karı-koca ilişkisinin içinde sağlıklı bir çocuk yetiştirmekten bahsetmek oldukça zor. Çünkü çocuklar hissediyor, ortamdaki duyguları içselleştiriyor, zaman içinde bir kişilik kalıbı olarak üzerine giyiyor. İşte bu nedenle Byron Norton o şahane sözünde: 'Çocuğun üç ebeveyni vardır. Annesi, babası ve annesi ile babasının ilişkisi...' diyor. Yani çocuklarımıza anne ve baba olarak öğrettiğimiz kadar –hatta bence çok daha fazlasıyla– ilişkimizle, birbirimize olan tutumumuzla ve iletişimimizle öğretiyoruz, bu örneklikle onları büyütüyoruz.

'Bu kitabı neden yazdım' sorusunun yanıtlarından biri işte bu. Yazdım, çünkü ebeveynlere konuşan bir uzman olarak evlilik alanını boş bırakmam mümkün değildi.

Tabii şu an bu satırları okuyor olmanızın tek sebebi çocukların iyiliği değil. Ben teker teker, kadın erkek fark etmeksizin şu dünyada nefes alan ve evlilik eşiğinden geçen her insanın iyi olması gayesini taşıyorum. Öyle ki, bilgisayar oyunlarından farklı olarak hayat yolculuğunda tek canlık hakkımız var. O can gittiğinde oyun bitecek. Doğduğumuz an yavaş yavaş ömürden tüketmeye başlayan birer kum saati gibiyiz. Böylesi bir gerçeğin içinde evlilik gibi insan hayatının önemli bir bölümünü kapsayan ve psikolojik sağlığına büyük etkileri olan bir sürecin bile isteye heba edilmesine gönlüm razı gelmiyor. Hepimiz insanız ve ilişki içinde inişlerin, çıkışların, dalgalanmaların ve durulmaların olması çok insanî... Lakin tüm bu iniş çıkışların yaşanabilmesi için bile ortada önce bir ilişki olması gerekiyor. Ve üzülerek görüyorum ki birçok ailede ortak bir hayat, bir etkileşim, iletişim mevcut değil. Çoğu evde eşler birbiriyle konuşmuyor, duygularını paylaşmıyor, ortak bir hayale tutunmuyor, hatta tartışmıyorlar bile. Bize verilmiş tek bir ömrün böyle bir yalnızlık içinde tüketilmesi çok acı değil mi sizce de?

Yıllar önce, ben daha yeni evli 22 yaşında genç bir hanımken, kaimvalidemin evinde bir sohbete katılmıştım. Sohbeti yapan hoca hanım ibadetleri ailece cemaatle yapmanın öneminden bahsederken 'Eşimizle beraber ibadet edelim ki cennette ailemizden eksik kalmasın. Öbür dünyada nikahımızı Rabbimiz kıysın, cennet eşi olalım birlikte' demişti. Yeni evli, gönlü eşine uçuşan bir kadın olarak çok güzel gelmişti bu cümleler. 'Cennet eşi olmak' deyince içim ısınmıştı. Tam bu sırada orta yaşı biraz geçmiş bir hanım 'Hocam, cennette yine aynı adamla evlenmeye mecbur muyuz? Bu dünyada çekiyorum bari öte tarafta ondan kurtulayım' deyince tüm cemaat kahkahalara boğuldu. Ben ise o hanımefendinin esprili cümlesinin altındaki acıya üzüldüğümü hatırlıyorum. Tek bir hayat, ömürlük olmasına niyet edilen bir evlilik ve ölse ya da ölsem de kurtulsam diye geçen bir ömür. Gerçekten çok acı değil mi?

Hayatın içinde elbette imtihanlar, düzelmesi zor bozukluklar var. Kitapta bu süreçlerin çözümlerine yer vermekle birlikte, bunların zorlayıcı olduğunu ve şıp diye düzelemediğini de biliyorum. Ama sadece iletişim hatalarından, ego çatışmalarından, iyileşmemiş çocukluk travmalarından, zihinsel çarpıtmalardan ya da basitçe gayret etmek istemeyecek kadar bencil veya tembel olmaktan dolayı zindana dönen evlilikler de var. Hem de oranlara bakacak olursak, bir patolojinin varlığı nedeniyle bozulan ilişkilerden katbekat daha fazla olduğunu söylemek mümkün.

Bu noktada tekrar soruyorum; bencilliğimiz, bilgisizliğimiz ya da gayretsizliğimize koca bir evlilik hayatını heba etmek gerçekten de çok ama çok acı değil mi?

Kitabın ilk bölümünde hep birlikte çocukluğumuza gidiyoruz. Çünkü ilişkilere dair, özellikle romantik ilişkilere dair, ilk öğrenmeleri anne-babamızın ilişkisini görerek içselleştirdik. Onların güçlü ve güçsüz yönlerini fark ettik, algı penceremizden içimize davet ettik ve yüreğimize kaydettik. İçine doğduğumuz ev ilmek ilmek evlilik için seçtiğimiz evin dokusunu oluşturdu. İlk bölümde bu dokuyu fark etmeye, eğer sıkıntılı yönleri varsa iyileştirmeye ve iç görü geliştirmeye çalışacağız.

İkinci bölüm yetişkin ego durumuna davet edecek her birimizi. Evliliğinin sorumluluğunu almış bir yetişkin nazarıyla karı-koca ilişkisinin önemli köşe taşlarını nasıl oturtmamız gerektiğini tartışacağız. Duygularımızı, düşüncelerimizi ve davranışlarımızın kökenini tanıyacağız.

Üçüncü bölüm patolojik evliliklerin kapısını aralayacak. Kaygılı, depresif, narsist, içe kapanık, öfkeli, ilgisiz, bağımlı, sadakatsiz...yani belli patolojilere sahip bir eşimiz varsa evliliğimizi nasıl güzelleştirebiliriz ve kendi psikolojik sağlığımızı nasıl koruruz, adım adım paylaşıyor olacağız.

Son bölüm ise bize cinsel hayatımızı kontrol etme fırsatı verecek. Kadın ve erkek olarak önce cinsiyetimizi, sonra cinselliğimizi keşfedecek ve evliliğimizi iyileştirirken temele sağlıklı bir cinsel hayat koyacağız. Tüm bu bölümlerde evliliğimizi güzelleştirecek ve iyileştirecek alıştırmalar, karı-koca yapılacak çalışmalar, terapötik uygulamalar var. Kitabın sonu geldiğinde, duam ve gayretim odur ki, evliliğimiz kitaba başladığımız yerde durmayacak. İyileşecek, gelişecek, adım adım köklerini ve kanatlarını keşfedecek.

'İyileşen Evliliğim' derken 'iyileşen' kelimesini iki niyetle kullandım. İlki yara almış evlilikler için bir yara bandı olması duası idi. İkincisi ise evliliğimizde büyük yaralar yoksa da var olan hâlin daha iyiye gitmesi niyetiyleydi. Umuyorum her bir satır bu kelimenin açtığı yola hizmet etmiş olsun.

Kitaplar büyük sancılar, büyük fedakarlıklar, az uyku bol çalışma süreçlerinin ürünüdürler. Üzerlerinde tek bir kişinin, yazarın, adı yazar ama emek sadece yazara ait değildir elbette. Yayınevimizin emeği geçen kocaman ekibine, yol arkadaşlarıma teşekkür ederim.

Her ölüm kalanlar için zamansız, giden için tam zamanındadır ya... Biz dostları, sevenleri, ailesi ve yol arkadaşları için zamanları durdururcasına acı verici bir veda ile, tam da kitabımızın son dualarını beraberce ediyorken, aramızdan ayrılan, aile dostumuz, hac arkadaşımız Rauf Baysal'a –*Rauf ağabeyime*– bu kitabın iyileştirdiği her bir evliliğin hayır duasından ecir alması için dua ederim. Ardında bıraktığın insanların senden razı olması ne güzel bir vedalaşmadır...

Yavrularım Enes'e, Eymen'e ve Meva'ya çalışmalarıma alan açtıkları ve yazılarımı okuyarak, dinleyerek, heyecanımı ve dualarımı bölüşerek ortak oldukları için teşekkür ederim.

'Anne yetiş! Bu hafta kitaba yoğunlaşmam lazım. Meva'yla sen ilgileniver' dediğim her defa koşup gelen, 'Sen yaz kızım ben bakarım çocuklara' diyen anneme teşekkür ederim.

Ve eşime, dünyadaki cennetime, bu kitaptaki her bir cümlenin, önerinin, sürecin hem şahidi hem yaşayanı olduğu ve *hayat arkadaşım* olduğu kadar *hayal arkadaşım* da olma gayretini koruduğu için sonsuz teşekkür ederim.

Eğer tek bir evliliğin güzelleşmesine cümlelerimin azıcık katkısı olabilirse ne mutlu bana...

Gayret bizden, tevfik Rabbimizden...

Hatice Kübra Tongar
İstanbul 2021

Birinci Bölüm

Doğduğumuz Ev Seçtiğimiz Evi Ne Kadar Etkiler?

Hangi eve doğduk?

"Evlilik iki şeye bağlıdır:
Doğru insanı bulmaya ve doğru insan olmaya."

—Hz. Mevlâna

Karı koca ilişkisini güzelleştirebilmek, eş olmadan önce var olan sürecimizi anlamlandırabilmekle mümkün olur. Nitekim insan küçücük bir hücre olarak başladığı hayat yolculuğunda dününün ve bugününün toplamından oluşur. Bugünümüzdeki yuvayı ayakta tutan dinamikleri anlayabilmek ve kendimizi bir eş olarak doğru tanıyabilmek için, dünümüzde var olan ilk yuvamıza doğru zihinsel ve duygusal bir yolculuğa çıkmamız gerekir.

İnsan bir anne ve babanın himayesine emanet bırakıldığı yuvasının içine doğar. Bu yuva onun hem *dış* hem de *iç* yuvasını var edecek ilk evidir. İlk ihtiyaçları olan emniyet hissi, sevgi, etken ilgi ve onay ihtiyacı bu ilk evde, ilk bakım verenleri tarafından tesis edilir. Dünyaya gözlerini açmış küçük bebek henüz yabancısı olduğu dünyayı ve farkında bile olmadığı kendi varlığını bu ilk evin çatısı altında deneyimler. Bu deneyimler, bakım verenlerinin ona olan tutumuyla eşgüdümlü ilerleyecektir muhakkak ki.

Annesi ve babası tarafından maddi ya da manevi zarar görmeyen ve dış dünyanın zararlarına karşı yerinde ve yeterince korunan bir bebek doğal olarak 'dünya güvenli bir yer' algısı oluşturmaya başlar. Hayatın ilk iki yılına atfedilen *'temel güven duygusuna karşı güvensizlik'* ifadesi bebeğin yetişkinliğe taşıyacağı inanç sisteminin ilk tohumudur. Dünyanın güvenli olduğuna inanç geliştiren bebek, onu keşfetmek için bitimsiz bir merak duyar. Bebeğin merakı ihtiyaç duyduğu oranda desteklenir ve bu keşif sürecindeki kazaları hoşgörülü bir anlayışla kabul görürse, mayasında var olan bağımsız bir birey olma yolunda tomurcuklanmaya başlar.

İnsan, ihtiyaçlı bir varlıktır. Öyle ki, diğer canlılardan farklı olarak yaşamsal ihtiyaçlarını uzun süre kendi başına karşılayamaz. Bu yüzden bakım verenlerine gerek fiziksel gerek duygusal açıdan bir muhtaçlık içindedir. Annesi karnını doyurmazsa aç kalan, uyutmazsa biyolojik ritmi bozulan, gazını çıkarmasına destek olmadığında acı içinde kıvranan, giydirmezse üşütüp hasta olan, psikolojik bir ağrı yaşadığında avutulmaya gereksinim duyan, ağladığında sakinleştirilmezse iç gerilimi artan bebek tüm bunlar yerinde ve zamanında *sevgi ile* yapıldığında gelişim basamaklarını sağlıklı çıkabilecek psikolojik ve biyolojik bir dengeye ulaşır. Bu denge, *ihtiyaç kabının* yeterince dolu olduğunu ifade eder.

Bu denli ihtiyaçlı yaratılmış insan pek tabii bu ihtiyaçları bakım verenleri tarafından karşılanabilsin diye özel bir donanıma da sahiptir. Bu içgüdüsel donanım bakım verenlerinin bilişsel ve duygusal süreçlerine etki ederek bebeğin hayatta kalmasını sağlar. Örneğin, bebek ağladığında annenin vücudundaki stres hormonu harekete geçer. Böylece anne hormonal bir yönelimle iç stresini susturmak için bebeğini rahatlatmaya yönelir. Bebek, annesini emmek için tenine temas ettiğinde salgılanan oksitosin hormonu annenin bebeğiyle istem dışı duygusal bir bağ kurmasına neden olur. Böylece anne bebeğinden kolay kolay vazgeçemeyecek bir duygu durumuna ulaşır. Bahsettiğimiz tüm bu süreçler muhakkak sağlıklı bir gelişim seyrinde var olan adımlardır.

Peki tam tersi bir senaryoda ne olur?

Yani bebek, içine doğduğu bu ilk evde zarar görmüş olsa, hem de bu zararı ona yaşatan kişiler anne ve babası ise sistem nasıl işler?

İnsanın kendisine bahşedilen en büyük gücü *hayatta kalma potansiyelidir.* Çevresel şartlar ne olursa olsun sistem bir şekilde hayatta kalmak için –tabiri caizse– kanının son damlasına kadar savaşır. Psikolojik yoksunluklarını –bazı durumlarda– sistemin işleyişini bozmak pahasına telafi etmeye gayret eder. Ortaya savunma mekanizmaları çıkarıp, sonra o mekanizmaları sanki hayatın gerçekleriymişçesine ikinci bir deri gibi üzerine giymeyi öğrenir. Daha çocukluk yıllarında ortaya çıkan uyum ve davranış problemleri ya da psikopatolojiler –bazı durumlarda genetik zeminleri olsa bile– çoğunlukla çocuğun sistemdeki aksaklıklara verdiği *uyum tepkisi* ve *hayatta kalma gayretidir.*

Bu gayret bazı evlerde o denli yoğun yaşanmak zorundadır ki, çocuğun kişiliğine işleyen bir etki oluşturur. Gergin, stresli, telaşlı, kaygılı, ürkek, korkak olmak gibi onlarca duygu durumu anlık bir yaşam tepkisi olmaktan çıkıp bir karakter örüntüsüne dönüşür. Böylece doğduğumuz evin etkisi azar azar yetişkinlik yıllarımıza sızmaya başlar.

İnsanın yaratılış sistemi telafi mekanizmalarıyla hayatta kalmaya programlıdır. Örneğin bir süre derin uykuya geçemezseniz vücudunuz REM uykusuna ihtiyaçlı hâle gelir ve sizi bu yoksunluğu telafi edebilmek için daha çok uyumaya zorlar. Ya da bir süre açlık yaşamanızın akabinde bedeniniz her yediğinizi depolamaya gayret ederek vücudunuzdaki gıda stokunu telafi etmeye çalışır. Psikolojik ihtiyaçlarımız için de durum böyledir. Eğer ihtiyaç kabımızın boş bırakıldığı bir evde büyümüşsek telafi mekanizması bizi tüm ilişkilerimizde bu kabı doldurmaya doğru yönlendirir. Sevgi kabımız boşsa sevginin, ilgi kabımız boşsa ilginin, onay ihtiyacımız varsa onaylanmanın, yeterince dokunulmamışsak bedensel doyumun peşinde koştuğumuz bir yetişkinlik senaryosu olası kader motifimiz hâline gelir.

Sevgiyi içimizde hissetmemiz yetmez, onu göstermemiz ve karşımızdakine hissettirmemiz gerekir. Nitekim Turgut Uyar'ın dediği gibi, "Gizlenen, gösterilmeyen, hissettirilmeyen sevginin zerre değeri yoktur. Bu duvar da bizi çok seviyor olabilir, bilemeyiz!"

Hayatta kalma refleksimiz ihtiyaçlarımıza duyarlı olduğu kadar *zarardan korunmaya* da duyarlıdır. Kendimizi emniyette hissetmeye ihtiyaç duyduğumuz *ilk yuvamızda* ihmal ya da işgal görüp zarara uğradıysak dünyanın tehlikeli bir yer olduğu algımız oturacak ve sonraki yıllarda kuracağımız ikinci yuvamıza dair zihnimizde aynı tehlike çanları çalmaya başlayacaktır. Nitekim ilk yuvamız ne ise, ikinci yuvamızın da o olacağı bilgisi henüz biz farkına varmadığımız yaşlarda içimize işleyen duygusal bir şemadır.

Tüm bu bilgiler ışığında diyebiliriz ki, *tercih ettiğimiz yuvayı* –yani evliliğimizi– güzelleştirebilmenin ilk adımı *içine doğduğumuz yuvayı* anlayabilmekten geçer. Çocukluğumuzda var olan ihtiyaçları görmek, o ihtiyaçları telafi etmek için bizi patolojik ilişkilere zorlayan sistemimizi rahata erdirmenin tek yoludur. Farkına varılmamış her ihtiyaç yetişkinlik yıllarımızda bir yineleme zorlantısı olarak karşımıza çıkmayı sürdüren kronik bir diş ağrısına benzer. Çözüm ağrıyı yok saymak ya da dişi çekmek değil, ağrıyı kabul edip dişimize uygun tedaviyi uygulamaktır.

Nitekim *seçtiğimiz evin*, doğduğumuz evin havasıyla nefes alan bir kalbi vardır.

Doğduğumuz ev huzursuzluğun yoğun yaşandığı bir ortama sahipse, çocuk hâlimizin o atmosferden satın aldığı temel iç ses stres olur. Huzursuzluğun kronik bir biçimde hüküm sürdüğü evlerde büyüyen çocuklar çoğunlukla gergin ve stresli yetişkinlere dönüşürler. Zaman içinde huzursuzluk onlar için o kadar alışılmış bir şey hâline gelir ki, huzurlu hissetmeye başladıklarında ironik bir biçimde huzursuzlanırlar. Sakin kalmak, sessizce oturup sükûnetin tadına varmak imkânsız gibidir. İlişkilerinde mutluluğu yaşadıkları süreçlerde içlerinden bir ses hep bu kadar iyi olmanın mümkün olmadığını söyleyerek onları huzursuz eder. Sanki hep bir şeyler olacak, hiçbir sebebe bağlı olmaksızın işler ters gidecek gibi gelir. Bu içsel huzursuzluk hâli, kişi aslında huzurlu olsa bile, huzurunu fark edemeyeceği sisli bir zihin yapısı oluşturur. Böylece kişi *doğduğu evde* alışkın olduğu içsel deneyimi *seçtiği eve* taşır ve huzurunu âdeta sabote ederek huzursuzluğa kayar.

Bazı evlerde ise ebeveynlerin çocuğa tek dokunma biçimi şiddettir. Çocuk, ebeveyninin dikkatini sadece yaramazlık yaptığında çekebiliyor ve neredeyse yanağındaki tek dokunuş hissini tokat olarak görebiliyorsa, yakın ilişkilerdeki kodlaması şiddetli bir çatışma motifine bürünür.

Doğduğumuz ev böylesi bir havayı barındırdığında iletişim dili kavga olan kişileri hayatımıza çekmemiz muhtemel hâle gelir. Bu öylesi tekrarlayıcı bir motiftir ki, kişi eşinin şiddetinden diliyle şikâyet etse bile bu konuda hiçbir adım atmayarak sürece razı olur. Hatta şiddeti teşvik edici pasif agresif tutumlar sergiler. Böylece ilk yuvasında gördüğü *yakın ilişki* modelini seçtiği yuvasına taşımanın patolojik huzurunu yaşar.

Şiddetin hüküm sürdüğü ailelerdeki bir diğer sıkıntı, var olan belirsizliktir. Belirsizlik öyle yoğundur ki, çocuk sürekli kaygı hâlindedir. *Bu akşam babam annemi dövecek mi, beni istismar edecek mi, annem bana dayak atacak mı, beni evden kovarlar mı...* gibi insan onuru için derin yıkıcı izler oluşturacak belirsizlik soruları bu tip ailelerin temel motifini oluşturur. Çocuk maruz kaldığı şiddetten çok, böyle bir şiddete ne zaman ve nasıl maruz kalacağının kaygı dolu bekleyişinden zarar görür.

Doğduğumuz ev böylesi bir belirsizlik içeriyorsa dünya bizim için her an gard alınması gereken bir savaş yeri hâline gelir. Hatta maruz kaldığımız şiddetin boyutuna göre, 'ölmemek için öldür' mottosu hayat gerçeğimiz bile olabilir. Sinir sistemimizin bu denli tehdit hissettiği bir yaşam deneyiminde eşimizin pek çok davranışını savaş sinyali olarak algılamamız olasıdır. Bu da bizi daha eş seçiminde bize zarar veremeyecek kadar pasif/silik insanlara yönlendirecektir. Böylece ailemizin bize miras bıraktığı *zorbalık enerjisi,* seçtiğimiz evde bizden eşimize aktarılan kötü bir davranış motifi olur.

İnsanın en temel ihtiyacı, *kendisi olabilmektir.* Yüce Rabbimiz insan ruhunu özgün ve özgür olmak formatında yaratmıştır. Mutlu evliliğin en önemli bileşeni de zaten bireyin olduğu hâliyle evlilik ilişkisine kattığı zenginliktir. Fakat bazen kendimiz olarak kabul görmediğimiz bir evin içine doğarız. Öyle ki, böylesi ailelerde zemini "İnsanlar ne der"e dayandırılan katı kurallar vardır. Çocuk susmalıdır, çünkü uslu çocuk çok konuşmaz! Çocuk sessizce oturmalıdır, çünkü komşulara ses giderse ayıp olur! Çocuk üstünü kirletmemelidir, çünkü el âlem ona pasaklı der! Çocuk ebeveyninin bir dediğini iki etmemeli, kendi fikrini söylememelidir, çünkü etraf böylesi çocuklara saygısız diyen ve onları sevmeyen diğerleriyle doludur!..

Doğduğumuz ev bizi kendimiz olarak kabul etmeyen ebeveynlere sahipse, o zaman kendimiz olmaktan vazgeçeriz. Nitekim bir çocuk için kendi gibi olmak ebeveyninin onayını almak kadar önemli değildir. Zira hayatta kalmak için ebeveynlerimize muhtacızdır. Aynı ebeveynlerimizin istediği gibi, dış dünyaya yüzümüzü uslu ve terbiyeli (!) gösteren maskemizi takarız. El âlemin istediğini var saydığımız bir biçimde yaşamaya enerji harcarken, el-Alîm'in (c.c.) bize verdiği fıtrat sesimize yabancılaşmaya başlarız. Bu öyle acı verici bir değişimdir ki, bu acıyla baş edebilme yolu olarak adım adım duygularımızdan hissiz hâle geliriz. İşte daha çocuk yaşlardan başlayan teknoloji, madde, yemek, alışveriş, kumar bağımlılıkları böylesi susturulmuş duyguların iç sancısından kaçış davranışlarıdır.

Doğduğu evde kendi olmamak için duygularından uzaklaşan kişi *seçtiği evde* ona duygularını hatırlatan bir eşten çoğunlukla uzak durur. Duygusal, duyarlı, ruha dokunan yakın ilişki motifi ona kaybettiği çocukluğunu hatırlatır. Bu büyük bir acıdır. Bu nedenle ya günübirlik ilişkilerin ağına düşüp duygudan uzak hazlar peşinde koşar ya da evlilik ilişkisinde eşiyle arasına görünmez duvarlar inşa eder.

....

"Sevgi şifadır. Sevgi güçtür. Sevgi, değişimin mührüdür."

—Hz. Mevlâna

....

Müge'yle eşinden boşanma sürecinde *boşanma danışmanlığı* almak istemesiyle tanıştık. Eşiyle iki kızları vardı. Boşanma süreci çocuklarına yara açmasın istiyordu. Bu nedenle kapımı çalmıştı.

İlk seansta geliş nedenini dinledikten sonra ona yardım edebilmek için onu daha yakından tanımam gerektiğini söyledim. "Ne anlatayım?" diye sordu. "Ne anlatmanız sizi tanımama yardımcı olur," dedim. Yüzünde buruk bir gülümseme oluştu. "Bilmem ki" dedi, "ben bile kendimi yeterince tanımıyor gibiyim."

"Hep yanlış ilişkilerin içinde buluyorum kendimi. O kadar saçma seçimler yapıyorum ki... On altı yaşımda ilk ilişkimi yaşadım. Mahallemizde kuafördü. Çok âşık oldum, ayaklarım yere basmıyordu onu görünce. Çok kıskançtı. Giydiğime, gittiğime, geldiğime hep karışırdı. Onun bu karışmalarından sevildiğimi hissederdim. Bana her bağırdığında, hatta kıskanıp her vurduğunda bir yandan canım acısa da bir yandan içim huzur doluyordu. 'Beni seviyor işte!' diyordum. En son giydiğim bir etek yüzünden kuaförün camına fırlattı beni. Her yerim kesildi, hastanelik oldum. O da korkup kaçtı. Öyle ayrıldık."

Müge anlatıyor, anlattıkça duyguları su yüzeyinde nefes almaya çalışan bir çocuk gibi dışarı çıkıyordu.

"Sonra nişanlandım. İlk nişanlım. Bir önceki ilişkimin enkazından kaçmak için, karşıma ilk çıkanla, beni ilk isteyen erkekle... Sığınmak istedim, belki de korunmak... Ama o da ilki gibi çıktı." dedi.

"Şiddet mi gösterdi size?" diye sordum.

"Belki yanağıma vurmadı ama hep kalbime vurdu." dedi.

"Çok küfrederdi. Sürekli aşağılardı beni. Her hâlimi eleştirirdi. Kendimi onun yanında küçücük hissederdim. Yine de ayrılmadım ondan. İlk ilişkim gibi bunda da terk edip giden karşı taraf oldu. Aldattı beni, başka birine âşık olup çekti gitti."

"Peki eşiniz?" diye sordum. "Bildiğim kadarıyla ayrılmak isteyen sizsiniz. Onunla ters giden şey neydi?"

"Sevildiğimi hiç hissedemedim." dedi. "Varlığı da yokluğu da bir gibiydi."

"Eşim diğerleri gibi değildir aslında. Küfretmez, vurmaz, kırmaz. Ama onun yanında kadın gibi de hissedemezsin kendini. Mesela ne giydiğine falan karışmaz hiç. Çok gösterişli bir elbise giyersin, 'Çok yakışmış.' der. Hiç peşinden koşmana gerek kalmaz. Hep oradadır zaten. İlişkin için çaba sarf etmen gerekmez. Erkek dediğin azıcık kendini çeker geriye, kaybedeceğim korkusu duyasın ki ilişkine sarılasın. Eşim hiç öyle değildir. Hani 'kız gibi' denir ya. Öyledir biraz. Sanıyorum bu yüzden ısınamadı kalbim bir türlü. Onun bu hâlleri yüzünden hep tartıştık, iş buralara kadar geldi. Galiba ben dominant erkekleri seviyorum!"

"Peki eşinizi neden seçtiniz? Neden onunla evlendiniz?" diye sordum. Düşündü... "Bilmem ki..." dedi...

Sonra ekledi:

"Sanıyorum şu yüzden seçtim... Babam gibi değildi..."

Müge'nin çocukluğu babasından uzak geçmişti. Babası denizciydi. Bir ay evdeyse altı ay uzakta kalıyordu. Hoş, mesele bedensel uzaklık değildi aslında. Babası 'kendi kendine yeten', evlilik kumaşı olmayan, hovarda, rahatına düşkün bir adamdı. Evde olduğu zamanlarda bedenen evde olsa da ruhen kızının yanında olmuyordu. Dövüp sövmezdi ama varlığını da hissettirmezdi. Müge'nin çocuk kalbinde 'karşı cins' şeması o denli silik ve boş kalmıştı ki, hayatına giren erkeklerin varlığını hissedebilmek için zorbaca dokunuşlara ihtiyaç duyuyordu. Yanındaki erkek âdeta onu 'işgal etsin' istiyordu. Böylece onun 'var' olduğunu hissediyordu. İlişkileri içinde duyumsadığı acı ise onun için patolojik bir biçimde tatlıydı çünkü alıştığıydı, çocukken öğrendiğiydi.

Lakin eşi farklıydı. O 'baba' şemasına uygun değildi. Sistemin 'telafi' için seçtiği kişiydi eşi. Babasının tam zıddı olan kişiydi. Bilinçli aklı Müge'ye böyle bir adamla mutlu olabileceğini gösteriyorken psikolojik sistemi alıştığı konfor alanından çıkmanın huzursuzluğunu yaşatmıştı çünkü insan psikolojisinin hep alıştığına çekilmek gibi bir özelliği vardı. Çocukken gördüğü, bildiği, deneyimlediği şey ona tanıdık gelirdi. İşin kötü tarafı, tanıdığı motif patolojik olsa da fark etmezdi. Nitekim sistem o patojene karşı antikor oluşturmuştu artık.

Çocukken dayak yemişse şiddeti tanımış, ona bağışıklık kazanmıştı. Şiddet artık tanıdıktı. 'Güvenli' alandı. Kişinin tanıdığı motif uzaklık ise tüm ilişkilerinde onu arardı. Aşağılanmak ise, kendini aşağılayan bir diğerinin yanına koşardı. İşte Müge'nin evlilik öncesinde yaşadığı şeyler tam da bunlardı. Tanıdık olanın kıvılcımına pervane böceği misali uçuşmaktı. Üstelik yanacağı da gayet aşikârdı.

Müge'yle birlikte geçmişten bugüne doğru bir *hayat motifi* okuması yaptık. Desen desen, ilmek ilmek, verdiği kararların psikolojik sebeplerini fark etmeye çalıştık. Eşinin neden ona soğuk geldiğini, sistemin farklı olana karşı nasıl direnç gösterdiğini, eğer isterse evliliğine bir şans verebileceğini, böylece patolojik sevilme ihtiyacını sağlıklı bir sevgi zeminine oturtabileceğini konuştuk. Eşinin de katıldığı uzun seansların ardından Müge ayrılmaktan vazgeçti. Böylece doğduğu evin etkilerini, seçtiği evin üzerinden uzaklaştırmayı seçmiş oldu.

UYGULAMA: Evlilik algımızı biliyor muyuz?

Aşağıdaki sorulara sizin için en uygun olduğunu düşündüğünüz cevabı verin.

1. Evlilik benim için...

a. Bir zenginliktir.

b. Bir değişimdir.

c. Bir kurtuluştur.

2. Eşimde en sevdiğim özellikler...

a. Kendine has olan yönleri.

b. Beni tamamlayan yönleri.

c. Benimle aynı olan yönleri.

3. Bence evlilikte mutluluk...

a. İki kişinin zaman zaman bir arada, zaman zaman ayrı alanlarında sürdürdüğü bir danstır.

b. Geçmişin yaralarını eşinin kollarında iyileştirmektir.

c. Hayata aynı pencereden bakıp sürekli beraber olabilmektir.

4. Cinsel hayatımız...

a. İki tarafın da doyum aldığı bir paylaşım.

b. Sık sık olmadığında kendimde sorun hissettiğim bir alan.

c. Görev bildiğim, olmasa üzülmeyeceğim bir sorumluluk.

5. Eşim çoğu özelliğiyle...

a. Kendine benzer.

b. Ebeveynlerime benzer.

c. Bana benzer.

Eğer 'a' şıkkı çoğunluktaysa...

Yüce Mevla'nın size bahşettiği özgün ve özgür ruhu muhafaza etmiş görünüyorsunuz. Evlilik sizin için iki kişinin kendi gibi olabildiği ve 'ben'lerini muhafaza ederek 'biz' olma yolculuğuna çıkabildiği bir deneyim gibi gözüküyor.

Eğer 'b' şıkkı çoğunluktaysa...

Çocukluğunuzda karşılanmamış çok ihtiyacınız mı var? Evlilik ilişkinizin bu ihtiyaçlarınızı telafi etmesini mi bekliyorsunuz? Kendinizi sık sık eşinizi memnun etmek zorunda hissetmekten dolayı yorulmuş ya da eşinizin sizi mutlu etmesini beklerken hayal kırıklığına uğramış mı hissediyorsunuz? Unutmamalısınız ki çocukluğumuzda boş kalmış kaplarımızı evlilikte doldurmaya çalışmak insanı yoran ve ilişkinin ahengini bozan bir çabadır. Çoğu zaman işin sonunda kendimizi yorgun, ihtiyaç kabı boş ve vazgeçmiş hissederiz.

Eğer 'c' şıkkı çoğunluktaysa...

Çocukluğunuzda fazlaca yara mı aldınız? Ebeveynleriniz sizi ihmal mi etti? Ya da belki şiddetli bir istismar girdabının içine düştünüz? Evliliğiniz sizin için bir kurtuluş olsun diye mi umdunuz? Belki bazı yönleriyle aradığınızı bulmuş olabilirsiniz fakat hiçbir ilişki tüm yaralarımızı saracak kadar güçlü değildir. Var olan yaralarımızı ancak biz görebilir, kabul edebilir ve ihtiyaç duyduğumuz merhemi yine ancak kendimiz sürebiliriz.

"Eşleriniz sizi ahirette ebedi saadete götürecek köprü gibidir. Sevgi ve saygıyla bu köprüyü sağlamlaştırın."

—Hz. Ömer (r.a.)

Hangi evi seçtik?

"Bizim derdimiz bilmemek değil, yapmamaktır."

—Dale Carnegie

Doğduğumuz evden seçtiğimiz eve geçiş bir taşınma gibidir. Bu öyle bir taşınmadır ki, doğduğumuz evde içselleştirdiğimiz tüm motifleri seçtiğimiz eve, eşimizle kurduğumuz ilişki biçimine taşırız.

Bu noktada ebeveynlerimizle kurduğumuz ilk bağa –yani bağlanma modelimize– doğru yolculuğa çıkmamız gerekir.

Bağlanma, çocuğun bakım veren kişiye yönelmesini, onunla zaman geçirmek istemesini, daha çok stres durumlarında ortaya çıkan sakinleştirilme ve yakınlık ihtiyacını ifade eden bir kavramdır. Sürekliliği ve tutarlılığı olan duygusal bir süreçtir. Henüz hayatın ilk yıllarında oluşan bağlanma örüntüsü sadece çocuklukla kalmayarak yaşamın ileriki yıllarını da etkiler.

Çocukluk yıllarında üç temel davranış biçimi sergileyerek bağlanma modelimizi yansıtırız.

Bağlanma modellerinden ilkinde çocuklar annelerine sıcak ve ilgili davranırlar. İkinci modelde hem sevme hem de nefret etme duygusunun bir arada yaşanması hâlinde ortaya çıkan gelgitli duygular görülür. Üçüncü modelde ise çocuklar ebeveynleri varken de yokken de soğuk ve ilgisiz bir tutum içine giren davranışlar gösterirler. Bu üç ayrı davranış modeli bağlanmayı *güvenli, kaygılı* ve *kaçıngan* olarak üç şekilde tanımlayan psikolojik süreci oluşturmaktadır.

Güvenli bağlanan bebekler annelerinin yokluğunda biraz kaygı hissetmekle birlikte diğer kişilerle rahat bir iletişim kurabilmektedir. Anneleri geri döndüğünde ise hemen sakinleşip çevreyi keşfetmeye devam ederek oyunlarına geri dönerler.

Kaygılı bağlanan bebekler ise anneleri odadan çıktığında yoğun bir kızgınlık ve kaygı yaşarlar. Anneleri odaya döndüğünde bebeklerin bu ruh hâlleri devamlılık göstermekte ve sakinleşmekte güçlük çektikleri anlaşılmaktadır. Başka şeylerle ilgilenme konusunda ise ilgisiz ve isteksiz gibi görünürler.

Kaçıngan bağlanan bebekler anneleri odadan çıktığında çok fazla tepki göstermeyip duygusuz görünmekte ve üstünkörü bir şekilde oyuncaklarıyla oynamaya devam etmektedir. Anneleri odaya döndüğünde ise anneleriyle temastan kaçındıkları ve daha çok çevreleriyle ilgili oldukları gözlenir.

Peki çocukluğumuzdaki bu modeller evlilik ilişkimizi nasıl etkiler? Gelin tek tek inceleyelim...

İlk bağ ve evlilik ilişkisine etkileri

Annemiz bizim ilk *aşk*ımızdır. Hayata ilk tutunduğumuz dal, açtığımız ilk kayıt, kurduğumuz ilk ilişki annemizle (ilk bakım verenimiz ile) olan ilişkidir. Bu ilişki üç temel zemin üzerine inşa olur; *güven, yakınlık ve sakinleştirilme ihtiyacı...*

Her ne kadar ebeveynimizle kurduğumuz bağ ile evlilik bağı farklı konular gibi düşünülse de aslında temelinde benzer ihtiyaçların karşılanma süreçleri yatar.

Küçük bir bebeğin ilk ihtiyacı *güven ve emniyettir.* Annesinden yeterince ve yerinde ilgi ve bakım gördükçe bu ihtiyacını karşılamaya başlar. Bowlby, bebeğin bu ihtiyacını *yakınlık arayışı olarak* ifade etmektedir. Anne bebek bağlanmasındaki bir diğer bileşen *sakinleştirilme arayışıdır.* Nitekim küçük bir bebek için hayat stresörlerle doludur. Bebek stres hissettiğinde bu durum biyolojik bir acı oluşturur. Acı çeken bebek rahatlayabilmek için güvenli üs olarak gördüğü annesine sığınır.

Evlilik ilişkisi de benzer bileşenlerden oluşur: *Güven, yakınlık ve sakinleştirilme ihtiyacı.*

Eşimize güvenmeye ve yanında emniyette hissetmeye ihtiyaç duyarız. Böylece onun yanında olmak bizim için itminan dolu bir güven duygusu oluşturur. Lakin eşimizin bize akıttığı güven duygusunu tanıyabilmek için, ilk ilişkimizde bu duyguyu deneyimlemiş olmamız gerekir. Nitekim tadını hiç bilmediğimiz bir yemeği ilk kez tatmak, içinde şüphe, belirsizlik ve kaygı barındıran bir süreç olacaktır.

Benzer şekilde, evlilik iletişimimizde yaşadığımız çatışmalara ve krizlere verdiğimiz cevaplar ilk bağlanma sürecimizde deneyimlediğimiz *iç çatışma modeline* göre şekillenir. Huzursuz olduğumuzda annemiz bizi olması gerektiği gibi sakinleştirdiyse, kriz anlarında iç huzuru yakaladığımız bir noktaya tutunabilmek kolay olur. Zira –tıpkı annemizle kurduğumuz ilk ilişkide deneyimlediğimiz gibi– krizlerin çözüleceğine, anlık huzursuzlar yaşansa da içsel huzurumuzun geri geleceğine, sahip olduğumuz ilişki ağının bir kriz anında kopmayacak kadar sağlam olduğuna inancımız tamdır. Tam tersini deneyimlediğimiz çocukluk yıllarının akabinde ise terk edilme, anlaşılmama, sevilmeme, değerli görülmeme gibi inançlar geliştirmemiz olası olur. Nitekim tutarlı ve duyarlı ebeveynlik diğer insanların güvenilir, ilgi ve sevgi sunmaya hazır, destekleyici olarak görüldüğü ve kişinin kendini sevgiye ve desteğe layık değerli bir birey olarak gördüğü *güvenli evlilik modellerine* yol açıyorken, bunun tersi olan olumsuz bakım deneyimlerinin diğer insanların güvenilmez veya açıkça reddedici kişiler olarak görüldüğü ve içerisinde bireyin kendini değersiz gördüğü *güvensiz evlilik modellerine* yol açtığı bilinmektedir. Her bir olumsuz inanç, beraberinde patolojik bir davranış örüntüsünü çağırır. Böylece evliliğimizde yaşanan krizler çocukluğumuzun huzursuzluk girdabında fırtınaya dönüşen psikolojik tetiklenmelere gebe kalır.

Anne-babamıza bağlanma şeklimiz önce eşimizle, sonra çocuklarımızla ve nihayetinde Rabbimizle nasıl bağlanacağımızın ilk şemasını inşa eder.

Yüce Rabbimiz insanın diğer insanlarla –ve nihayetinde kendi zatıyla– kurmasını murat ettiği yakîn ilişki ağının sırrını daha bebekken annesiyle kurduğu yakın ilişkinin tohumuna gizlemiştir. Hayata annesinin karnındaki minicik bir organa bağlanarak tutunan bebek, diğerleriyle olan ilişkisine de annesiyle kurduğu ilişkinin formunu referans alarak tutunur.

Bu bağlamda kişinin çocukluk dönemindeki bağlanma modeline bakarak ileride kuracağı ilişki motiflerini anlamanın mümkün olduğu söylenebilir. Nitekim bağlanma figürümüzle etkileşimimiz davranışsal bir model oluşturmaktadır. Bu model, eş seçimimizden ilişki biçimimize değin uyarlanan bir *kader motifi* hâline gelir.

Güvenli bağlanmanın evliliğimize etkileri

İlk bağı güven üzerine temellenmiş bir birey, evlilik ilişkisine güven duygusunu taşımakta zorluk çekmez. Kendine ve diğerlerine dair olumlu bir algısı vardır. Kendini sevdiği gibi eşini de sevmeyi ve bunu ifade etmeyi bilir. Zaman zaman evlilik içinde krizler olsa da bu krizlerde boğulmaz. Çözüm odaklıdır. Krizleri kişiselleştirmeden davranışsal değişimlere gidebilecek potansiyeli mevcuttur.

Güvenli bağlanmanın evliliğe en büyük katkısı, kişinin eşinden alacaklı gibi bir role girmiyor oluşudur. İçsel depoları zaten dolu olduğu için, ilişkisini bağımlı bir ihtiyaç tamamlama olarak görmez. Evliliği onun için bir zenginliktir. Eşiyle yan yana durmaktan keyif aldığı, beslendiği, beraber büyüdüğü, aynı toprağa tutunduğu ve fakat büyümesine engel olmayacak mesafede durmaktan korkmadığı iki ayrı ağaç gibidir.

Kaygılı bağlanmanın evliliğimize etkileri

Kaygılı bağlanma iki uçta gelgitli duygular ile karakterize bir bağlanma örüntüsüdür. Kişi, çocukluğunda annesinin sevgisini zaman zaman görmüş, bazı zamanlarda ise annesinin duygusal ya da fiziksel zararına uğramıştır. Anne genellikle soğuk ve mesafeli olsa da arada bir çocuğunun sevgiyi hissedebileceği tutumlar göstermiştir. Bu ortam içinde çocuk sevgi ekmeğini tam yiyememiş ve fakat yolu üzerine serpilmiş kırıntıların varlığı nedeniyle o sevgiden ümidini kesemediği bir duygu durumunda takılı kalmıştır.

Kaygılı bağlanan kişiler evlilik ilişkilerinde –aynı çocukluklarında olduğu gibi– ümit ile ümitsizlik arasında gidip gelirler. Bu öylesine yorucu bir duygu durumudur ki, eşlerinden sevgi alabilmek için aşırı sahiplenici, kıskanç, yoğun ilgili bir tavra girerler. Eşleri bu tavırdan boğulup uzaklaştığında ise sorunun kendilerinde olduğunu düşünürler. İçsel inançlarına göre yeterince güzel, yakışıklı, zengin, akıllı vs. değildirler. Bu yüzden sevilmeyi hak etmiyorlardır. Eşleri onlar için bir lütuftur. Bu inancın getirdiği aşırı stres, kaygılı bağlanan kişileri tepkisel davranışlarda bulunmaya iter. Kişi eşini arayıp ulaşamadığında küser, trip atar, tavır yapar... Lakin bu ilişkiye o denli ihtiyaçlı hisseder ki, çoğu zaman küskünlüğü bitirip pişman olan yine kendisi olur.

Kaçıngan bağlanmanın evliliğimize etkileri

Kaçıngan bağlanma duygusal ya da fiziksel ihmal sonucu oluşan bir bağlanma formudur. Küçük bebek acı çektiğinde, ağladığında, sakinleştirilmeye ya da yakınlığa ihtiyaç duyduğunda çoğunlukla ortalarda kimseyi bulamamıştır. Böylelikle hayatta kalmak için duygusal talepte bulunmamayı ve kendine yetmeyi öğrenmiştir.

Kaçıngan bağlanan kişiler yakın ilişkilerde kendilerini rahat ve huzurlu hissetmezler. Bu nedenle ilişkilerinde mesafelidirler. Kendilerini eşlerine tam açamayan, duygusal olarak kendilerini bırakamayan, her ne kadar yakın ilişki kurmak isteseler bile reddedilme korkusu duyarak geri çekilmeyi daha güvenli bulan kişilerdir. Bu tavırları nedeniyle dışarıdan çok cool görünürler. Oysa bu mesafe cool olmakla değil, kırılgan ve yaralı olmakla ilgilidir.

Kaçıngan bağlanan kişiler zaman içinde tam bir duygu bastırma uzmanına dönüşürler. Daha küçükken duygusal taleplerinin karşılanmayacağını öğrendikleri için eşlerinin duygusal taleplerini göremezler. Görseler bile duygusal karşılık veremezler. Bu kaçınmanın altında kontrolü kaybetmek istememe, bağımlı hâle gelmekten korkma, bir diğerine muhtaç olmaktan kaçma gibi çocukluktan öğrenilen yaralı inançlar vardır.

Tüm bu bilgiler ilk ilişki biçimimizin diğerleriyle oluşturduğumuz ilişkiye nasıl etki ettiğini ortaya koyar. Ergenler ve yetişkinlerle yapılan çalışmalar güvenli bağlanan bebeklerin ergenliklerinde ve evliliklerinde daha mutlu yetişkinlere dönüştüğünü, kaçıngan ve kaygılı bağlanma motifinin ise ergenlik ve evlilik ilişkisinde hastalıklı süreçler doğurduğunu göstermektedir.

Bu durum *içsel çalışma modeli* ile açıklanır. Bu modele göre, bizler diğer insanları algılarken var olan zihinsel temsillerimizi kullanırız. Zihinsel temsillerimiz ise anne babamızla kurduğumuz bağlanma modeline göre daha küçücük yaşlarda içselleştirdiğimiz şemalardır. Bu şemalar bize ilişki kurduğumuz insanların duygularını, davranışlarını ve psikolojik aktarımlarını okumak için bir kullanma kılavuzu verir. Hayatı ebeveynimizin gözünden okurken, sonraki tüm ilişkilerimizde aynı satırları okuma yönelimimizin zeminini inşa etmiş oluruz. Bu bağlamda kurduğumuz hiçbir ilişki külliyen *yeni* değildir, aslında bizler farkında olmadan ilk ilişkimizin *tekrarını* tüm ilişkilerimize taşır dururuz. Böylece evliliğimizin *kader motifini* ilmek ilmek oluştururuz.

Evlilik kader mi?

Burada *kader* kavramını biraz konuşalım isterim. Kader kavramını bizim etkimiz dışında olan bir yazgı anlamında kullanmaktayım. Yoksa yaşadığımız ve yaşayacağımız her olay bize verilmiş cüzi irade ile şekillenen bir kader formudur elbette.

Kiminle evleneceğimizin alnımıza yazılmış, mecburi bir yazgı olduğu inancı seçtiğimiz eşe dair var olan psikolojik ihtiyaçlarımızı fark etmemizin önüne geçer. Eş seçimimiz bizim kendi iç yolculuğumuz ve tekâmülümüz için büyük bir sıçrama tahtası olabilme potansiyeli barındırırken, bu iç yolculuğa talip olmayan bir umursamazlıkla 'kader' deyip geçiyor olmak her şeyden önce kendimiz için büyük bir kayıptır.

Veba salgını olduğunu duyduğunda gideceği beldeye girmekten vazgeçen Hz. Ömer'e, "Allah'ın kaderinden mi kaçıyorsun ya Ömer?" diye soran sahabiye, "Allah'ın bu kaderinden diğer kaderine gidiyorum." diyen Hz. Ömer'i düşünürsek, bizim de evliliğimize dair sorumuz şu olmalıdır: "Allah'ın evlilik kaderinin motifini nereden aldım, nereye götürüyorum?'

Eş seçiminin kader olmaktan önce ve öte *psikolojik bir yönelim* olduğunu kabul edebilmek çoğumuz için zordur. Nitekim sürece 'kader' deyip geçmek oldukça konforlu bir tercihtir. Bir şey 'kader' olduğunda sorumluluğu bizim üzerimizden düşer. Hastalıklı bir ilişkiyi iyileştirebilmek için gayret etmek, ilişkimiz içerisinde yaptığımız hataları kabullenip telafi etmek, eşimizin ihtiyaçlarını görüp gereği gibi hareket etmek sorumluluk içeren tutumlardır.

Görünen o ki, pek çoğumuz ilişkideki hastalığı görsek bile 'kaderim buymuş' deyip sorumluluğu üzerimizden atmaya daha istekli oluruz çünkü bu kolaydır. Oysaki seçtiğimiz eşi bir 'kader' gibi değil de bir 'seçim' gibi düşünmek bize kendimizle ilgili oldukça kıymetli ipuçları verir.

Aynı babamız gibi biriyle mi evlendik? Belki de babamızla kuramadığımız ilişkiyi başka bir erkek üzerinden kurmanın çabasıdır bu...

Bizi görmediğini düşündüğümüz bir eşimiz mi var? Görülmemek bize nereden tanıdık? Neden bu hissi oluşturan birini seçip evlendik?

Sürekli bizi aşağılayan biriyle mi evliyiz? Aşağılanma hâli kaç yaşımızdan miras bize? Etrafımızda aşağılayan birileri olduğunda aşina hissediyor olabilir miyiz?

Eşimize anlamlandıramadığımız bir hınç, bir öfke mi hissediyoruz? Âdeta her hareketi bize batıyor mu? Soralım kendimize, öfkemiz gerçekten eşimize mi? Yoksa yıllardır bastırdığımız duygularımız mı tetikleniyor onun her hareketinde?

Bütün bu soruların cevabını bulabilmek için öncelikle evliliğimizin sorumluluğunu almamız gerekir. 'Eşimi ben seçtim. Acaba bu evlilik hangi psikolojik ihtiyacımla örtüşüyor?' diyebilmek güçlü bir farkındalık gerektirir. Ve ancak bu farkındalık sahibi duruşu temele koyduğumuzda evliliğimizi güzelleştirmek ve iyileştirmek mümkün olacaktır.

Patolojik bağlanmadan güvenli bağlanmaya: 'Bu bizim öykümüz.'

Bağlanma modellerini okuduğunuzda belki kendinizin kaygılı ya da kaçıngan bağlanan biri olduğunuzu fark ettiniz. Belki eşinizin de patolojik bir bağlanma stili var. Eğer öyleyse aklınıza şu sorunun gelmesi olasıdır: 'Şimdi ne olacak?'

Bu kadar şeyi öğrenmek, bağlanma stilinizi fark etmek, patolojilerinizi keşfetmek ne işe yarayacak?

Bu sorunun cevabı açık aslında. Bir şeyi iyileştirmek için önce o şeyin hastalıklarını tespit etmemiz gerekir. Bağlanma, hayatın ilk yıllarında ebeveynlerimizin bizimle kurduğu ilişki ile zeminleniyor olsa da *değişmez değildir.* Bir yetişkin, çocukluğunda kurduğu ilk ilişkiyi analiz eder, bağlanma zeminini görür ve ihtiyaçlarını fark ederse bağlanma stilini değiştirebilir. İnsan kaç yaşında olursa olsun, güven duyduğu bir ilişkinin içinde *güvenli bağlanmayı* öğrenebilir. İşte bu yüzden evlilik çok önemli, etkili ve kıymetlidir. Çocukluğumuzda alamadığımız güven ve emniyet duygusu evliliğimizle birlikte gelişebilir, değişebilir.

Tam da bu nedenle sizlere eşimle benim öykümden bahsetmek isterim. Zira tanıştığımız yıllarda eşim kaçıngan, bense tam bir kaygılı bağlanandım. Her kaygılı bağlanan gibi kendini yetersiz, değersiz, ilişki kurulmaya layık olmayan biri gibi hisseden bir genç kız olarak dikkatimi, ancak eşim gibi dışarıdan bakınca aşırı cool görünen bir kaçıngan bağlanmalı delikanlı çekebilirdi. Öyle de oldu. Tanıştığımızdan evlenene kadar geçen üç yıllık zamanda ben, –yani *Bayan Kaygılı Bağlanan*– aşırı kıskanç, sahiplenen, duygusal olarak sürekli verici hâlimle eşimin –yani *Bay Kaçıngan Bağlanan*'ın– eksik bırakılmış duygu kotalarını itina ile doldurdum. Çocukluğunda görmediği derecede ilgi ve sevgi gösterdim. Bu sevgi gösterisinin altında kaygı dolu bir terk edilme korkusu vardı elbette. Hatırlıyorum da daha o yıllarda arkadaşlarıma ilişkimizdeki dinamiği şöyle anlatıyordum: "Onun için yapabileceğim her şeyi fazlasıyla yapıyorum ki bensiz olamasın, beni hiç bırakamasın." O zamanlar bu cümle bana çok romantik geliyordu. Şimdi, güvenli bağlanmanın emniyetli limanı içinde bu satırları yazarken ne kadar yorucu bir şeymiş diyebiliyorum ancak. Fakat benim için yorucu olan bu hâl eşimin beni seçme nedeniydi.

'Tüm kaçıngan bağlananlar bir kaygılı bağlanan bulur' teorisi bizim ilişkimizde de doğrulanmıştı. Beni seçmişti, çünkü onun duygusal mesafesine, ancak terk edilme korkusu olduğu için sürekli duygusal vericiliğe razı olan bir kaygılı bağlanan dayanabilirdi. Bu tam bir tencere kapak ilişkisiydi. Ben çocukluğumda ebeveynlerimden sevgi gördüğüm kadar mesafe de görmüştüm. Sevginin içindeki mesafe benim için tanıdıktı. Eşimin ise duygusal olarak ihmal edilmiş bir çocukluğu vardı. Bu yüzden yakın ilişki onu huzursuz ediyordu. O uzak duracak, ondaki mesafe benim kaygımı tetikleyecek ve böylece ilişkimize daha çok sarılacaktım. Bir kaçan ve bir kovalanan olarak ilişkimiz öyle sürüp gidecekti. Aynı evin içinde duygusal olarak belki de birbirimize hiç kavuşamayacaktık.

Bay Kaçıngan Bağlanan, hep mantıklı ve mesafeliydi. Evlilik öncesi bu mesafeli hâlini 'takva' gibi görüyordum. Bu açıdan hoşuma da gidiyordu. Yani bir adam nişanlısından gözlerini kaçırıyor, duygusal açıdan mesafeli duruyorsa bu olsa olsa imanının kuvvetli olduğunun işareti olabilirdi. En azından ben öyle sanıyordum. Sonra evlendik. Ama eşimin mesafeli tutumu değişmedi. Benim *takva* sandığım şey yerli yerinde durmaktaydı. Sohbet ederken gözümün içine bakmaz, elini tuttuğumda irkilerek geri çekilirdi. Zaman içinde fark ettik ki, benden gözlerini değil ruhunu kaçırıyor, elini elimden her çektiğinde duygusal yakınlığa karşı kalkanını koruyordu.

Evlilik öncesi beni kendine çeken o cool tavırlar evliliğimizin içinde sorun oluşturmaya, çocukluğumdaki değersizlik şemasını daha derin bir tazyikle tetiklemeye başladı. Öyle bir an geldi ki, kendimi evimin içinde boğuluyor gibi hissettim. İfade edilememiş tüm duygularım bedenimde, göğsümün ortasında yoğun bir ağrıya dönüştüğü gün eşimin ve benim iyileşme yolculuğumuza büyük katkı sağlayacak nur topu gibi bir hastalığımız oldu: 'Panik Atak!'

İşte bizim için her şey o zaman değişmeye başladı.

Üç yıla yakın süren, günde 10-12 atak ile geçen ve evde yalnız kalamama, kalabalıklar içine girememe, asansöre binememe gibi birçok alanda bizi etkileyen panik atak süreci ilişkimizi değerlendireceğimiz bir nefes alanı oldu. Zira ataklar sırasında nefessiz kalan ben ve öleceğimi sanarak korkuyla sürece eşlik eden eşim beraberce şu soruyu sormaya başlamıştık: "Evliliğimize nasıl nefes aldırabiliriz?"

Bu soruyla birlikte üçüncü şahısları tamamen kapının dışında bıraktığımız duygusal bir inziva sürecine girdik. Hira'mızın içinde artık baş başaydık. Neleri severiz, neleri sevmeyiz, kendimizi nasıl iyi hissederiz, neler bizi yoruyor, yıllar boyunca konuştuk ve değişmek için gayret ettik. Panik ataklı üç yıllık bir süre, evliliğimizi gerçek benliklerimizle inşa ettiğimiz bir içe dönüş yolculuğu oldu.

Eşim kaçıngan/kırılgan yanlarını yavaş yavaş bıraktı. Duygularını konuşmaya, gözyaşlarını göstermeye, konuşurken göz göze gelmeye, sarılmaya, elimi tutmaya yani –yakın ilişki– kurmaya başladı. Onun bana ilgi, sevgi ve şefkat gösteren yanlarını hisseden kaygılı yanım zaman içinde sükûnet buldu. Güvenmeyi öğrendi. Panik atağım böylelikle geçti.

Birbirimize güvendikçe evimizde emniyet duymayı deneyimledik. Ah bu ne huzurlu bir duygu durumuymuş, doyasıya içimize çektik. Patolojik bağlanmalarımız güvenli bir limanın durgun sularında sakinleştikçe iyileştik. Evliliğimizde kaçan ya da kovalanan kalmamıştı artık; yan yana yürüyen iki kişi, iki duygudaş, iki yol arkadaşı, hayatı paylaşan iki insan vardı. Biz vardık, tüm gerçekliğimizle içine doğduğumuz evliliğimiz vardı.

UYGULAMA: Benim Bağlanma Stilim Hangisi?

Bu noktada kendi bağlanma stilimizin hangisi olduğunu görebilmek için aşağıdaki sorulara bize en uygun olduğunu düşündüğümüz cevabı verelim. Böylece hem kendimizin hem eşimizin bağlanma stilini görmüş olur, var olan durumumuza göre çözüm yolları geliştirebiliriz.

1. Karşımdaki insanlar benim kadar değerli değiller.
   (Katılıyorum) - (Katılmıyorum)
2. Birisiyle çok fazla samimi olduğumda sorun çıkabileceğinden kaygılanıyorum. (Katılıyorum) - (Katılmıyorum)
3. Karar alırken kimseyi önemsemem.
   (Katılıyorum) - (Katılmıyorum)
4. Sorunu olan birisini gördüğümde kendimi onun yerine koyabiliyorum. (Katılıyorum) - (Katılmıyorum)
5. Başkalarının benim kadar değerli olduklarını düşünmüyorum.
   (Katılıyorum) - (Katılmıyorum)
6. İnsanlardan ne kadar uzak durursam o kadar az üzülürüm.
   (Katılıyorum) - (Katılmıyorum)
7. Ebeveynlerimle iyi anlaşıyorum. (Katılıyorum) - (Katılmıyorum)
8. İnsanlardan uzak duruyorum çünkü bana acı çektirebilirler.
   (Katılıyorum) - (Katılmıyorum)

9. Bir sorun varsa bunun nedeni genellikle karşımdakilerin sorumlu olmasıdır. (Katılıyorum) - (Katılmıyorum)

10. Kendimi mutlu bir insan olarak tanımlıyorum. (Katılıyorum) - (Katılmıyorum)

11. Duygusal ilişki yaşadığım kişinin beni gerçekten sevmediğini düşünerek kaygılanıyorum. (Katılıyorum) - (Katılmıyorum)

12. Yalnızca kendime değer veririm. (Katılıyorum) - (Katılmıyorum)

13. Başkalarının üzüntülerini anlayabiliyorum. (Katılıyorum) - (Katılmıyorum)

14. Duygusal ilişkilerden uzak duruyorum çünkü terk edilmek istemiyorum. (Katılıyorum) - (Katılmıyorum)

15. İnsanların görüşleri benim için önemsizdir. (Katılıyorum) - (Katılmıyorum)

16. Ebeveynlerime genelde kırıcı sözler söylemem. (Katılıyorum) - (Katılmıyorum)

17. İnsanlardan ne kadar uzak durursam o kadar mutlu olurum. (Katılıyorum) - (Katılmıyorum)

18. Başkaları çok da umurumda değildir. (Katılıyorum) - (Katılmıyorum)

Sonuçlar:

Aşağıda belirtilen sorulara verdiğiniz 'katılıyorum' seçeneği bağlanma stilinizi gösterir.

Güvenli Bağlanma Stili: 4, 7, 10, 13, 16

Kaçınan Bağlanma Stili: 1, 3, 5, 9, 12, 15, 18

Kaygılı Bağlanma Stili: 2, 6, 8, 11, 14, 17

Eşimle nasıl güvenli bağlanırım?

Güvenli bağlanmanın üç temel ihtiyacın karşılanması üzerine oluştuğundan bahsetmiştik: Emniyet (güven) ihtiyacı, yakınlık ihtiyacı ve sakinleştirilme ihtiyacı... Sakinleştirilme ihtiyacımızı ikinci bölümde genişçe ele alacağız. Şimdi emniyet (güven) ihtiyacımızı ve yakınlık ihtiyacımızı nasıl bugünümüzde doyurabiliriz, eşimizle nasıl adım adım güvenli bir bağ kurabiliriz inceleyelim.

a. Emniyet (güven) ihtiyacımızı nasıl karşılarız?

Emniyette hissetmek en genel tanımıyla, sinir sistemimizin ortamda bir tehdit algılamaması demektir. Bize zarar vereceğini hissettiğimiz, canımızı acıtan her türlü davranış içimizdeki güven duygusunu zedeler. İki insanın içinde bulunduğu bir ilişkide elbette tartışmalar ve anlaşmazlıklar olacaktır. Fakat tartışırken dahi takındığımız tutumlar emniyet hissimizi sarsmayacak kadar çözüme yönelik ve nahif olmalıdır.

Bu bağlamda 2 temel adımda eşimizle aramızda emniyet zemini oluşturabiliriz:

1. Adım: Şiddeti karı koca ilişkisinden çıkaralım

Şiddetin her türlüsü güvenli bağlanmayı yerle bir eder. Evlilikte kesinlikle hiçbir türlü şiddet olmamalıdır (aslına bakarsanız hiçbir ilişkide şiddet olmamalıdır). Nitekim şiddetin olduğu yerde ne emniyetten ne de güvenden bahsedilebilir. Karşınızdaki kişi canınızı bir şekilde yakıyor ve bunu bile isteye yapıyorsa o kişiye emniyet hissiyle bağlanmanız mümkün değildir.

Şiddet, evlilik içinde 4 formda kendini gösterir.

1. Fiziksel Şiddet

İnsan bedenine gerek kişinin kendi bedeniyle, gerek bir cisimle uyguladığı ve can acıtmak amacı taşıyan her türlü davranış fiziksel şiddettir.

Kadının ya da erkeğin bir diğerine tokat atması, saçından tutup sürüklemesi, yumrukla vurması, sopa, kemer, terlik, maşa vs. gibi sert bir cisimle darp etmesi, bedenini sigara, kezzap vs. gibi yakıcı bir cisimle yakması davranışlarının tümü evlilikte güveni yerle bir edecek şiddet davranışlarıdır. Bu davranışlardan herhangi biri evlilik sisteminde doğal olarak var olamaz, olmamalıdır.

Daha çok erkeklerin kadınlar üzerindeki otoritesine dayandırılan, "Kocamdır, döver de sever de!" sözü ne yazık ki kadını da erkeği de aşağılayan zavallı bir bakış açısının ürünüdür. Nitekim Güzeller Güzeli (s.a.v.), "Sizin en hayırlınız eşine en güzel davranandır." buyurduğu hadis-i şerifi ile ve zaman içinde nikâhında bulunan her bir eşine âdeta bir elmas gibi davrandığı insanlık örneği tavırları ile dinin hiçbir noktasında şiddet olmadığını bizzat yaşayarak bize miras bırakmıştır. Bununla birlikte tarihe adını kapkara harflerle yazdıran Firavun, Nemrut, Ebu Cehil, Hitler, Stalin gibi pek çok insanın hayat motifinde ise yıkıcı şiddet davranışları vardır. Bu bağlamda şiddet gösterdiğimiz her defa bu karanlık insanların, şiddetsiz iletişim için gayret ettiğimiz her defa ise gül kokulu Peygamberimizin (s.a.v.) safında yer tuttuğumuzu bilmek önemlidir. Hem şiddet göstermemek hem de gösterilen şiddete boyun eğmemek bizlerin en önemli insanlık vazifesidir.

2. Cinsel Şiddet

Cinsel organlar üzerinden seyreden ve kişinin rızası olmadan gelişen her türlü davranış cinsel içerikli bir şiddettir. Cinsel şiddet davranışları kişinin bedeni ile uyguladığı davranışlar olabileceği gibi (tecavüz, el ile taciz, ısırma, sıkma vs.), bir cisimle uyguladığı davranışlardan da oluşabilir (bir cisim ile tecavüz, cinsel organları yakma, vurma vs.).

Bu noktada şunu bilmek önemlidir: Tecavüz kavramı sanki sadece bir yabancının ya da nikâhımız olmayan bir insanın bize yönelttiği cinsel şiddetmiş gibi algılanır. Oysa eşler arasında kişinin rızası olmadan, zor kullanarak ve sadece kendi doyumunu düşünerek ortaya konan cinsel aktiviteler *evlilik içi tecavüz* tanımı alır. Böylesi davranışlar, bunlara maruz kalan kişiye kendini kirli, pis, âdeta bir eşya gibi kullanılıp bırakılmış hissettirir. Kişinin öz saygısını ve değerini felç eder. Evlilik ilişkisinde eşlerin birbiriyle bağ kurması ve yakınlaşması için yaratılmış olan tertemiz bir sayfaya kara lekeler çalar. Cinsel hayatın içinde rıza ve karşılıklı doyumun olmadığı tutum ve davranışlar güvenli bağlanma ihtimalimizi ortadan kaldırıp yok eder.

3. Psikolojik Şiddet

Psikolojik şiddet, acısı ve yarası bedende değilse de kalpte görülen şiddet formudur. Bu tür şiddette vurma, dövme, darp etme yoktur. Ama beynin acı duyma merkezini –aynı dayak sırasında olduğu gibi– harekete geçiren psikolojik acılar vardır. Aşağılama, hakaret etme, küçük düşürme, adamdan saymama, ihtiyacını yok sayma, eleştirme, beğenmeme tavırları psikolojik şiddetin en görünen şubeleridir. "Sen ne biçim adamsın!", "Senden kadın olacak da biz de göreceğiz!", "Beline bak odun gibi!", "Üç kuruş kazanıyorsun da adam mı oldun!", "Hiçbir şey beceremiyorsun!" tarzı cümleler suratımıza değilse de ilişkimizdeki güven hissine atılmış birer tokat gibidir.

4. Ekonomik Şiddet

Bazen kadın ya da erkek, bir diğeri üzerinde otorite kurmak için parayı kullanır. Ailede tek kişi çalışıyor ve iaşeyi o kişi temin ediyorsa genellikle zorbalığı yapan taraf o olur. Eşi bir ihtiyacını ifade edip para istediğinde, "Ona ne gerek var. Saçma şeylere para harcama!" tarzı cümleler ekonomik birer şiddet tutumudur. Parayı verenin kararı da verdiği algısı, çalışmayan kişiye kendini değersiz ve aşağıda hissettirir. Oysa o kişi belki çalışıp para kazanmıyordur ama evin düzenini sağlayıp çocuklarını büyütüyordur.

Bazen de eşlerin ikisi de çalışıyor olmasına karşın biri diğerinden daha fazla para kazanıyor olabilir. Böylesi durumlarda çok para kazananın az kazananı aşağılar formda davranması, âdeta "Paran kadar konuş" tutumuna girmesi yine ekonomik bir şiddettir. Bu davranışlarda bulunan kişiler çoğunlukla parayı güç olarak gören, insanın parası kadar değerli olduğu gibi çarpık bir algıya sahip olan kişilerdir. Böylesi tutumlar diğer şiddet formları gibi güvenli bağlanmayı yerle bir eden yıkıcı etkiler oluşturur.

Şiddetsiz bir evlilik için öfke kontrolü

Ne zaman bir çiftle şiddetin ilişki içinde olmaması gereğini konuşsak ve mutabık kalsak, "Peki öfkemiz için ne yapalım?" sorusu peşi sıra gelir. Nitekim şiddet davranışları aslında doğru ifade edilmemiş öfke duygusunun görünür hâlidir.

Peki, öfkemizi nasıl kontrol eder ve nasıl doğru ifade ederiz?

Öfke kontrolüne dair ilk bilmemiz gereken şey, *öfkeyi kontrol etmenin öfkelenmemek anlamına gelmediğidir.* Zira bizler insanız ve zaman zaman öfkeleniriz. Bunun anlamı *sinirli bir insan* olduğumuz değil, sadece *insan* olduğumuzdur.

Öfke, sınırlarımızı korumamız için bizlere verilmiş şahane bir duygu durumudur. Öfkelendiğimizde sempatik sinir sistemimiz harekete geçer ve vücudumuzda adrenalin salınımı başlar. Böylece vücudumuz kendini öfkelendiren sebebe karşı savaşabilmek için enerji dolar ve hareketlenir. Buraya kadar her şey biyolojik, fıtri ve insanidir. Nitekim karşımızda bize saldıran biri olduğunda ya da birileri göz göre göre canımızı yakmaya çalıştığında harekete geçmeye ve sınırlarımızı korumaya ihtiyacımız vardır. İşte bunu öfke duygusunun yakıtıyla yaparız.

Konu evlilik ilişkisi olunca da zaman zaman kendimizi hakkımız yenmiş, anlaşılmamış, görülmemiş, aşağılanmış, küçük düşürülmüş hissedebiliriz.

Eşimizin bir davranışı ya da davranması gereken yerde davranmıyor oluşu canımızı acıtıp bizi öfkelendirebilir. Kayınvalidemiz bize negatif bir söylemde bulunduğunda eşimiz sessiz kalmışsa, tüm gün koşuşup yorulduğumuz bir gün çocuklarla azıcık ilgilenmek konusunda gönülsüz durduysa, evliliğimizdeki her küçük detayla sürekli biz ilgileniyor gibi hissediyorsak, karı koca mahrem konuları üçüncü kişilerle paylaşıyorsa, hoşlanmayacağımızı bildiği ortamlarda ısrarla bulunuyor, bizimle kötü geçmişi olan kişilerle arkadaşlık kuruyorsa doğal olarak öfkeleniriz. Problem öfkelenmemiz değil, öfkemizi ortaya koyuş biçimimizdir.

Öfke kontrol tekniklerinden bahsetmeden önce toplumsal öfke algımızı da biraz konuşalım isterim.

Toplumumuzda öfke duygusu cinsiyetlere göre farklı biçimlerde kabul görür. Öfke erkekler için çocukluktan itibaren kabul gören, hatta teşvik edilen bir duygu durumudur. Bir erkek çocuğun öfkelenmesi, öfkesini küfrederek, vurarak göstermesi çoğu ebeveyn için 'erkek adam!' şemasına uygun kabul edilir. İlaveten, bir erkek çocuk başka bir çocuktan dayak yemiş olsa, ailesinden, "Senin elin armut mu topluyordu? Sen de çaksaydın ya bi tane!" sözlerini, kız çocuklara nazaran çok daha fazla duyar. Durum böyle olunca öfke kontrol bozukluğu erkeklerde kadınlara nazaran daha sık görülen bir durum hâline gelir.

Kadınlar ise henüz küçük bir kız çocuğu iken öfkelerini dönüştürerek ifade etmenin uygun olduğu mesajını alırlar. Erkekler gibi hırçınlaştıklarında 'hanım hanımcık' olma şemasının dışına çıktıklarını ebeveynlerinin ikazlarından öğrenip 'kız gibi ağlamak' tanımının peşine düşerler ve öfkelendiklerinde ağlarlar. Daha büyük yaşlara gelindiğinde ise çoğu insan gibi öfkenin kendinden güçsüz olanlardan çıkarılabileceğini öğrenirler. Yapılan aile içi şiddet araştırmaları, çocukların babalarından çok annelerinden şiddet gördüğünü belirtmektedir. Kötü bir döngü olarak, erkek kadından, kadın ise çocuktan öfkesini çıkarır. Bu, sağlıksız bir döngüdür.

Öfke duygusunu hissettiğimizde duygunun kendisine değil de tetikleyiciye odaklanmak inanılmaz bir içgörü geliştirmemizi sağlar. Eşimiz salonun ortasına çorabını attığında öfkeleniyorsak, o an durup kendimize bu davranışın bizim için anlamını sorabiliriz. Böylece meselenin eşimiz ya da yerdeki çorap değil de bu durumun içimizde tetiklediği algı olduğunu anlamış oluruz. Zira öfke kontrolü yaparken öfke duygusunun kendisiyle değil, tetikleyicisiyle çalışmak işe yarar sonuçlar doğurur.

Eşine kaba ve kırıcı davranışlar gösteren kişiler, "Eşim bunu hak ediyor." derler. Oysa böyle davranan biri olmayı hak etmeyen kendileridir. Zira kötü davranışlar, ancak bu davranışlarda bulunan kişinin değerini azaltır.

Aşağıdaki cümlelerden yola çıkarak öfkelendiğiniz konuları –yani tetikleyicilerinizi– fark etmeye başlayabilirsiniz.

Ben konuşurken eşim yüzüme bakmadığında öfkeleniyorum çünkü bu davranış benim için ... ifade ediyor.

Eşimin elinde telefon gördüğümde öfkeleniyorum çünkü bu davranış benim için ... ifade ediyor.

Eve geldiğimde eşimi bakımsız, perişan bir hâlde gördüğümde öfkeleniyorum çünkü bu davranış benim için ... ifade ediyor.

Evi dağınık gördüğümde öfkeleniyorum çünkü bu davranış benim için ... ifade ediyor.

Çocuklarla sadece ben ilgilendiğimde öfkeleniyorum çünkü bu davranış benim için ... ifade ediyor.

Şimdi siz de kendi öfkelerinizi, içerdikleri anlamla beraber bir kâğıda yazıp tetikleyicilerinizi fark edebilirsiniz.

Öfkeyi 'sağlıklı' boşaltma teknikleri

Öfkemizi sağaltma tekniklerini bilmek, duygularımızı doğru yönetmeyi öğrenmek adına oldukça önemlidir. Lakin burada ilk adım olarak öfke anında ilişkimizi kırıp dökmeyecek bir öneri ile başlamak isterim.

Eşimizle herhangi bir konuda tartışıyorken içimizde öfke duygusunun kabardığını hissediyorsak tartışmayı durdurmamız ve ertelememiz daha iyi olur. Nitekim öfkeli bir anda yapılan şey tartışma olmaktan öte kavga olacaktır ve bu kavganın çoğu zaman bir kazananı değil, iki kaybedeni olur. Dolayısıyla öfkelendiğimizi, içimizdeki sakin duygu akışının fırtınalı bir denize dönüştüğünü hissediyorsak eşimize, "Mola verelim, öfkeliyim." diyerek, tartışma ortamından uzaklaşmayı deneyebiliriz. Ya da kırıcı olduğumuzu hissetmeye başladığımızda, "Bu konuşma kötüye gidiyor, ara verelim." uyarısıyla birbirimizi molaya davet edebiliriz. Böylece sonra pişman olacağımız şeyler söyleyip yapmadan ilişkimizi korumaya almış oluruz.

Öfke duygusu bedenimize gergin bir enerji artışı getirir. Bu duyguyu sağaltırken enerjimizi doğru kanalize etmek önemlidir. Bu noktada güzeller güzeli Peygamberimiz (s.a.v.)'ın, "Biriniz öfkelendiğinde oturuyorsa ayağa kalksın, ayaktaysa içeriye gitsin, abdest alsın." önerileri ilk adımımızın pozisyon değiştirip harekete geçmek olduğunu gösterir. Öfkeliyken ilişkimize 'mola' verdikten sonra enerji akışını regüle etmek için yürüyüşe ya da koşuya çıkabilir, ayaklarımızı yere sert basarak, zıplayarak yürüme egzersizi yapabilir veya bir yastığı ya da kum torbasını yumruklayarak enerjimizi dışarı atabiliriz.

Hadis-i şerifte buyurulduğu gibi, öfkenin yakıcı ateş etkisini dengelemek için duş almak, abdest almak, elimizi yüzümüzü yıkamak da öfke kontrolü açısından etkili adımlardır.

Bununla birlikte öfke bir duygu durumudur. Dolayısıyla beynimizin sağ tarafıyla ilgili bir süreçtir. Herhangi bir duyguyu yoğun yaşadığımız anlarda hızla çalışmaya başlayan sağ beyin aktivasyonumuzu dengeleyerek de duygu kontrolü sağlamamız mümkündür. Bunun için sol beynimizi harekete geçirecek çalışmalar yapabiliriz. A ile başlayan şehirler saymak, altışar altışar ileri ya da geri saymak, son bir haftada yediğimiz yemekleri düşünüp zihnen listelemek gibi analiz gerektiren bir konuya odaklandığımızda sol beynimiz harekete geçer. Böylece sağ beynimizin duygu işlemlemesi yavaşlar. Kendimizi sakinleşmiş hissetmeye başlarız.

Bir diğer yöntem ise içinde bulunduğumuz ana, mekâna, çevreye odaklanmaktır. Oturduğumuz yerde ayaklarımızı yere bastırarak bizi güvenle tutan zemini hissedebilir ya da her an içimize dolup bize hayat veren nefesimizin akışına odaklanabiliriz. Balkona, cama, bahçeye çıkıp derin nefesler almak, dış dünyadan gelen sesleri dinlemek (kaç farklı ses duyuyorum diye odaklanabilirsiniz mesela) ya da gözümüzün gördüğü herhangi bir nesneyi rengine, boyutuna, küçük ayrıntılarına kadar incelemek bizi ana getiren basit regülasyon davranışlarıdır.

2. Adım: Sağlıklı tartışma kültürü oluşturalım

Kendimizi (ve ilişkimizi) emniyette hissedebilmemiz için zor zamanları –yani kavga, tartışma, anlaşmazlık– anlarını doğru yönetmeyi öğrenmemiz gerekir. Şiddetsiz iletişim teknikleri konusunda uzun süreli araştırmalar yapan Marshall Rosenberg şiddetin sadece elle olmadığını, kızgınlık anında ortaya koyduğumuz bazı davranışların ilişkide şiddet oluşturarak güvenli bağlanmayı zedelediğini ortaya koymuştur. Bu hatalı davranış ve tutumları şöyle sıralayabiliriz:

- ***Kaba ve aşağılayıcı sözler:*** "Geri zekâlı mısın sen!", "Aptal aptal konuşma!", "Bi halt bildiğin yok, salak!"

- ***Yokluğumuzla tehdit etmek:*** "Yeter artık, bırakıp gideceğim seni!", "Ben öleyim de kurtul sen de!", "Parayı bulayım, seni mi çekerim ben!"

- ***Kasıtlı/Haksız suçlamak:*** "Sırf beni üzmek için yapıyorsun!", "Sırf annen mutlu olsun diye beni üzüyorsun!"

- ***Eski defterleri açmak:*** "Evlendiğimiz ilk gün de aynı böyle davranmıştın!", "Bana söylediğin o lafı unuttuğumu mu sanıyorsun!", "Bu davranışı yüzüncü kez yapıyorsun!"

- ***Genellemek:*** "Her zaman aynısın!", "Hiçbir zaman beni sevmedin!", "Beni hep mutsuz et zaten!"

- ***Olumsuz eleştiri ve kıyas:*** "Bir kere yapacaksın da göreceğiz", "Senden iyi eş olsun ben dişimi kırarım!", "Annem nerede sen nerede!"

Tüm bu yıkıcı cümleler yerine kendimizi anlatırken *duygu dili* kullanmayı öğrenmemiz gerekir. Duygu dili, olayların bize nasıl hissettirdiğini ifade ettiğimiz, karşımızdaki kişiyi suçlamadan, duygularımızın sorumluluğunu ona atmadan (senin yüzünden... vs. gibi), onun canını acıtmak için değil sadece kendimizi ifade etmek için kullandığımız dildir.

"Bana böyle söylediğinde inciniyorum..."

"Çorabını salonun ortasında gördüğümde öfkeleniyorum..."

"Anneni davet ederken bana müsait miyim diye danışmadığında sinirleniyorum..."

"Ortak bütçe oluşturamamış olmamız beni geriyor..."

İlaveten, eşimizin kendini suçlanıyor gibi hissetmemesi, dolayısıyla iletişime açık olabilmesi için cümlelerimizin başına olumlu sözler eklememiz gerekir. *Hamburger tekniği* denilen bu yöntemde *olumlu yaklaşım+mesaj+olumlu yaklaşım* şeklinde bir sıralama yapabiliriz.

Seni anlıyorum (olumlu)+ Ben de şunu düşünüyorum/hissediyorum (mesaj)+ Ne dersin birlikte karar verelim mi? (Olumlu yaklaşım)

Elbette öfke anında akl-ı selim davranabilmek kolay değildir. Ve fakat gereklidir! Nitekim karşımızdaki kişi eşimizdir, yol arkadaşımız, hayat ortağımızdır. Böylesi bir rütbe muhakkak saygın, sevgi dolu ve yüksek özen gerektiren bir duruşu hak etmektedir.

b. Yakınlık ihtiyacımızı nasıl karşılarız?

Evlilik ilişkisi bir bebeğe benzer. Nasıl ki bir bebek doyurulmak, uyutulmak, temizlenmek, gazı alınmak isterse, aslında karı koca ilişkisinin de benzer formlarda bakıma ihtiyacı vardır. Nitekim evlilik –sanıldığının aksine– imza atınca biten bir kurum değildir. Orada başlayan ve ömür boyu gayret gerektiren dinamik bir süreçtir. Bu sürece mutluluğu yayabilmek ve eşimizle güvenle bağ kurabilmek için belli yakınlık adımlarına ihtiyacımız vardır.

1. Ortak Zaman

Karı koca olmak demek elbette sürekli birlikte olmak demek değildir, lakin birlikte geçireceğimiz zamanlara muhakkak ihtiyacımız vardır. Çoğu ailede, "Zaten birlikte şunu/bunu yapıyoruz." tarzında, arada bir yapılan etkinliklerden bahsedilir. Fakat ortak zamanın evliliğe yakıt olabilmesi için az da olsa sürekli olması gerekir. Bunun en basit versiyonu, her akşam çocuklar uyuduktan sonra evi toplamak, dizi izlemek gibi şeylere ayırdığımız vakit ve enerjiyi ilk evvela eş rolümüz için ayırmaktır. İlaveten, bunu bir sorumluluk gibi değil bir gönüllülük gibi yapma duygusuna ihtiyacımız vardır. Birlikte geçirdiğimiz zamanlar ne denli bizim için beklenen, özlenen, günün o saati iple çekilen bir formatta olursa ilişkimize katkısı o denli fazla olur.

Bazen eşler birlikte zaman geçiremediklerinden çünkü çok yoğun olduklarından, çoluk çocuk ve iş koşuşturmasından bahsederler. Beraber oturup zamanı planladığımızda şunu fark ederler; aslında ortak zaman geçirmeye zamanları yok değildir, gönülleri yoktur. Bu nedenle, bu zamanı ayırmamak için sürekli iş üretmektedirler. Böyle çiftlerle çalışırken neden beraber vakit geçirmeye gönüllü olmadıklarını araştırırız. Çoğu zaman da şu tespiti yaparız: Çiftlerin beraber kaldıklarında yapacak ortak bir şeyleri yoktur. Yani evlenmişlerdir, fakat arkadaş olamamışlardır.

Bunu aşmak için birbirimizi keşfetmeye gönüllü olduğumuz bir niyetle, yapmaktan keyif aldığımız şeyleri listeleyerek işe başlayabiliriz. Ortak, baş başa zamanlarımızda ne yapmak hoşumuza gider? Şu ana kadar yapmadığımız ama eşimizle ilk kez deneyimlemekten keyif alabileceğimiz neler olabilir? Birlikte bir hobi ile uğraşmak, gezmek, oyun oynamak (ne yani sadece çocuklar mı oynar?), beraber yeni bir yemek tarifi denemek, sinema gecesi yapmak, romantik planlamalar düşünmek, birbirimize sürprizler hazırlamak gibi onlarca farklı seçenek bizi karı koca olarak birbirimizden keyif alır hâle getirecektir.

"Kadını geçimsiz yapan 'sevgisizlik', sevgisini yok eden ise 'ilgisizlik'tir."

—Anonim

2. Rutinler

Ebeveynlerle çalışırken onlara şunu sorarım: "Çocuğunuza sormuş olsam, bana anne/babamla en çok şunu yapmayı severim, günün şu anını severim diyebileceği rutinleriniz var mı?" Bu sorunun cevabı, ilişkide sürekli devam eden, o iki kişiye özel olan ilişkinin can simitlerini bize aşikâr eder. Aynı soru yetişkinler için de gereklidir. Karı koca olarak "Bu bizim rutinimiz," dediğimiz, aynı periyotlarla düzenli olarak yaptığımız eylemler aramızdaki yakınlığı artıran sağlam motifler oluşturacaktır. Bayram ritüelleri, özel gün ritüelleri, uyku ritüelleri, sabah ritüelleri gibi, sürekliliği olan ne denli çok alışkanlığımız varsa bağımız o kadar sağlam olur.

Bu noktada birlikte bir ritüel listesi hazırlayabiliriz. Şu sorulardan yola çıkalım:

- Her doğum gününde ... yaparız.

- Her evlilik yıldönümümüzde ... yaparız.
- Her gece uyurken ...
- Her sabah ...
- Her bayram ...

Eksik bulduğumuz başlıklarda geç kaldığımızı düşünmeden, "Bizden geçmiş" demeden yeni adımlar atabiliriz. Bu bağlamda bir ritüeliniz henüz oluşmamışsa beraberce karar verip oluşturmaya ne dersiniz? Çünkü Hazreti Mevlana'nın dediği gibi, *"Dün dünde kaldı cancağızım. Bugün mutluluk için yeni şeyler söylemek lazım..."*

Tencerelerimizin, camlarımızın, eşyalarımızın ışıl ışıl parlaması güzeldir. Fakat bu işleri yapmak için tüm zamanımızı ve enerjimizi harcayıp ilişkimizi unutursak evliliğimiz ışıltısını kaybeder. Elimizde ışıl ışıl tencereler ve kırık dökük bir evlilik kalır.

3. Ortak Hayaller

Eşlere, 'hayat arkadaşı' denir. Çok tatlı bir tanımdır bu ama eksiktir; eşler hayat arkadaşı olduğu kadar *hayal arkadaşı* olabildiklerinde evlilikteki yakınlıkları artmaya başlar. Hayal etmek geleceği düşünmek, ortak bir gelecek resmi çizmek demektir. Zira hayaller bugünle değil, gelecekle ilgilidir. Hayalin ne olduğu fark etmeksizin eşimizle birlikte oturup geleceği düşünüyor olmak ilişkimizdeki bağı ve sıcaklığı besler. Bu nedenle, bilinçli bir plan yaparak ortak hayal kurduğumuz zamanlara pay açmak oldukça önemlidir.

4. Geçmiş Yaralara Sahip Çıkmak

Karı koca ilişkisinde geleceği konuşabilmek kadar geçmişi konuşabilmek de oldukça önemlidir. Geçmişimizde hatalar yapmış, acılar yaşamış olabiliriz ama her ne olmuş olursa olsun geçmişimizde yaşadığımız şeylerle bugünkü benimizi inşa ederiz. Dolayısıyla bizler dünümüzün ve bugünümüzün toplamıyla biz oluruz. Bu nedenle yaşadığımız her şeyle kabul görme ihtiyacı duyarız. Eğer eşimiz geçmişimizde yaşadığımız olayları kabul etmek istemiyor, duymaya dahi yanaşmıyor, gizli tutmamızı teşvik ediyor ya da yaşadığımız herhangi bir şey nedeniyle bize öfkeleniyor, kızıyor, aşağılıyorsa, o ilişkide olduğumuz hâlimizle kabul görmediğimizi hissederiz. Bu his bağımıza zarar verir ve duygusal olarak bizi eşimizden uzaklaştırır. Yakın bir ilişki, iki kişinin de dünde ve bugünde yaşadığı, hissettiği, deneyimlediği olayları açık yüreklilikle konuşabildiği, paylaşabildiği ve eşinden kabul gördüğü bir ilişkidir.

Bir evlilikte karı koca iletişimini bol tepinmeli horondan ahenkli bir tangoya çeviren belli kelimeler vardır. Bu kelimeler: "Haklısın", "Anlıyorum", "Özür dilerim", "Teşekkür ederim" ve "İyi ki varsın"dır.

5. Hayatı Her Yönüyle Paylaşmak

Çoğu evliliğin hayatı paylaşmaya, sorumluluk almaya yanaşmayan kadın ve erkekler yüzünden beli bükülüyor. Oysa bir ilişkinin en muhtaç olduğu şeylerden biri paylaşımı artırmaktır. Bu paylaşım, ilişkimiz için ortak zamanlar ayırmaktan farklıdır. Hayatın içinde, günlük işlerde, bir evin döndürülmesi konusunda paylaşımcı olmayı içeren zamanlardır. Beraber sofra kurmak, çocuklarla ortak ilgilenmek, evin düzen ve temizliğinde ortak hareket etmek, evde var olan işleri 'kadının' ya da 'erkeğin' olarak görmeyip 'evimizin' işleri olarak görmek hayatı ortak sırtlanmayı beraberinde getirir. Ve bu paylaşım hâli evlilikler için sarsılmaz bir bağ oluşturmayı sağlar.

İlk bebeğimizin doğumu oldukça zor geçti. Hem benim hem yavrumuzun ölümle burun buruna geldiği sancılı bir zamandı. Bu zor doğumun ardından oğlumuz tam elli gün boyunca sürekli ağladı, durduğu tek yer vardı, benim kucağım. Bu nedenle geceleri salona gidip uyuyakalmayayım diye televizyon açıyor, koltuğa uzanıyor, oğlumu sineme yatırıp uyumasına destek oluyordum. Benim için oldukça zor ve yorucu olan bu süreçte eşim de elli gün boyunca salonda yanıma gelip yan koltuğa uzandı. Yorgunluktan ağladığımda elimi tuttu ve "Geçecek," dedi. Bebek sadece benim kucağımda huzur bulduğu için bebeği benden alması işimize yaramıyordu. Bu yüzden, bu süreçte yapabileceği en iyi şeyi yaptı ve yanımda durdu. Bebeğe hiçbir şey yapamadı ama elimi tutup benimle uyanık kaldı. On altı yılını doldurduğumuz evliliğimizde onlarca güzel anımız var çok şükür. Ama geriye dönüp baktığımda içime huzur ve muhabbet akıtan hatıralar işte bunun gibi zorlukları beraberce sırtladığımız, hayatı gerçek anlamda bölüşüp paylaştığımız anlardan oluşuyor.

6. Ortak Bütçe Oluşturmak

Karı koca arasında güvenli bir bağ kurulmasının önemli bir şubesi ise maddi ortaklıktır. Ailede tek kişi çalışsa da karı koca beraber çalışıyor olsalar da bütçenin ortak bir havuzda toplanması ve harcamalar ve yatırımlar konusunda ortak karar verilmesi ilişkiyi güçlendirir. Aileyi 'sen' ve 'ben' bireyselliğinden 'biz' havuzuna taşımış olur.

Parasal ortaklık birbirine güvenmenin önemli bir işaretidir. Bir kadın ve erkek, "Benden gizli harcama yapar", "Arkamdan iş çevirir", "Parayı çarçur eder", "Gizlice ona buna para saçar" gibi endişeleri olmadan ortak bir bütçe oluşturabildiğinde maddi boyutta da karşılıklı emniyet hissi pekişmiş ve sağlamlaşmış olur.

UYGULAMA: Eşimizi gerçekten tanıyor muyuz?

Aşağıdaki soruların cevabını eşimizle ayrı kâğıtlara birbirimize bakmadan yazalım. Sonra da beraberce cevapları değerlendirelim. Bakalım birbirimizi ne kadar tanıyor, isteklerimizi ne kadar doğru biliyoruz?

1. Eşiniz sevginizi nasıl göstermenizi ister?

2. Eşiniz ona nasıl bir sürpriz yapsanız çok mutlu olur?

3. Eşiniz sizinle en çok ne yapmayı seviyor?

4. Eşiniz evlilik yıl dönümünüzü nasıl geçirmek ister?

5. Evliliğimizde en mutlu gün ... dır.

6. Eşinize sihirli bir değnek versem hangi davranışınızı değiştirmek ister?

7. Eşiniz sizin en çok hangi özelliğinizi seviyor?

8. Eşiniz en çok neye üzülür?

9. Eşiniz için romantik bir akşam tanımı nasıldır?

10. "Eşimi seviyorum çünkü..." Bu cümleyi eşiniz nasıl tamamlar?

Niyet ettik niyet eyledik!
Eşimizle güvenli bir bağ kurmaya ve
çocukluk yaralarımızı evlilik merhemiyle iyi yapmaya...

İkinci Bölüm

Seçtiğimiz Ev İçin Mutluluğu Seçmek

İyi Günde, Kötü Günde...

"İnsan düşünmek, inanmak, daha da önemlisi sevmek için dünyaya gelmiştir."

—J.J. Ronsein

Bir evlilik klişesi, tatlı bir ilişki niyeti olarak, 'İyi günde, kötü günde' diyerek başlayalım bu bölüme... Zira ilişkiler iyi günler ve kötü günlerden oluşur, tıpkı hayatın totalinde olduğu gibi. Burada önemli olan iyiyi ve kötüyü nasıl anladığımız, süreçlere nasıl yaklaştığımız, nasıl algılayıp nasıl bir deneyime dönüştürdüğümüzdür.

Bundan yaklaşık 2000 yıl önce Epiktetos, "İnsanları asıl üzen 'şeyler' değildir, o şeyler hakkındaki fikirleridir." derken, 2000 yıl sonrasında bir yazarın evlilikte iyi günleri ve kötü günleri anlattığı bölümde bu cümleyi temele koyacağını elbette bilmiyordu. Oysa Epiktetos –kendisinin haberi bile yokken– evlilikler için çok önemli bir felsefe üretmişti. Bu felsefe yüzyıllar sonra Aaron Beck isimli psikiyatrın 'Bilişsel Davranışçı Terapi' adını verdiği terapi ekolünün de ana fikrini oluşturacaktı.

Peki bu cümle bize temelde neyi anlatıyor?

Gelin burada 'algı' kavramını beraberce hatırlayalım.

Algı, psikolojide duyusal bilginin alınması, yorumlanması, seçilmesi ve düzenlenmesi olarak ifade edilir. Duyularımızla farkına vardığımız –aslında nötr olan– herhangi bir olayı daha önceki yaşam deneyimlerimize ve öğrenmelerimize dayanarak anlamlandırır ve işleme alırız. Bu süreç o kadar özneldir ki, aynı olay o olaya şahit olan insanların her biri için başka anlamlar içerebilir. Başka duyguları, başka düşünceleri ve başka davranışları ortaya çıkarabilir.

Örneğin yağmurlu bir günü ele alalım. Dört farklı kişi sabah uyandığında havanın kapalı olduğunu ve yağmurun başlayacağını fark etmiş olsun. Birinci kişi, "Bayılırım yağmurlu havaya, yaşasın!" diye düşünüp mutluluk hissedecekken, ikinci kişi, "Uff şimdi trafik olur!" diye dertlenip strese girebilir mi? Belki bir diğeri gök gürültüsünden korktuğu için kaygılandığını hissederken, beriki yağmurun yağışından hüzünlerini hatırlayıp ağlayabilir mi? Evet, hepsi olabilir ve çok daha değişik kişilerde değişik algıların oluşması muhtemeldir. Yağmur aynı yağmurken, hepimiz başımızı göğe kaldırdığımızda aynı yağmur bulutlarını görüyorken, hava hepimize kapalı, hepimiz için yağışlıyken, 'yağmur' dediğimizde daha önceki öğrenmelerimiz ve şemalarımız ne şekildeyse yağmuru o şekilde deneyimler ve deneyimlerimizle uyumlu duygular içine gireriz. İşte bu, *algıdır.*

Epiktetos'un bahsettiği şey tam da budur. Yağmur nötr etkide, doğal, hayatın akışında zaman zaman gerçekleşen bir hava olayı iken onu sevmek, sevmemek, korkmak, sinirlenmek, hüzünlenmek vs. yağmurla değil, bizimle ilgili süreçlerdir. Ve bizler kendimizle ilgili bu algısal süreçlere göre hayatı deneyimleriz.

Bu noktada *evlilik* algımızı beraberce yoklayalım isterim. Zira evlilik denildiğinde ne düşünüyor, ne hissediyor ve hangi duyguların içimize akışını fark ediyorsak evlilikteki davranışlarımızı da ona göre ortaya koyuyor oluruz.

Burada ilk olarak elimize bir kâğıt kalem alıp kâğıda üç dikey sütun çizelim. Sütunlardan birincisine 'ebeveyn' yazalım. İkincisine 'çevre' diyelim, üçüncüsü ise 'kendim' olsun. Şimdi adım adım evlilik algımızı keşfetmeye çalışalım.

Ebeveyn sütunu için hemcinsimiz olan ebeveynimizin (kızsak anne, erkeksek baba) gözünden evliliğe bakmaya çalışacağız. İlk algımız ebeveynimizin algısıyla şekilleniyor zira. Bakalım ebeveynimizden bize evlilikle ilgili nasıl bir algı miras kalmış.

UYGULAMA: Evliliğe açılan pencerem ne görüyor?

Mesela annemizin gözünden evliliğe bakıyorsak... Şu soruların cevaplarını sütuna yazalım:

1. Annemizin gözünden eşimize baktığımızda gördüğümüz ilk üç özelliği yazalım. Eşimiz nasıl biri? (Öfkeli mi, ilgili mi, şefkatli mi, ilgisiz mi vs.)

2. Annemize sormuş olsak, "İyi ki evlendim" der miydi?

3. Evliliği üç kelimeyle anlat desek annemiz ne söylerdi?

4. Evliliğin en sevdiğim tarafı.............., en sevmediğim tarafı............. (Annemiz boşluğu nasıl doldururdu?)

5. Evlenmeden önce nasıl bir evlilik hayali vardı ve bu hayalin ne kadarını gerçekleştirdi?

Ebeveynimiz hayatta ise bu soruları ona sorup yanıtlarını not edebileceğimiz gibi, eğer değilse ya da sorabilecek yakınlığımız yoksa kendimiz onun gözünden görmeye çalışarak notlarımızı alabiliriz.

Şimdi *çevre* sütununa geçelim ve şu sorulara cevap verelim:

1. Çocukken gördüğüm evliliklerden aklımda kalan ilk üç şey...

a. Eşler birbirine nasıl davranırdı?

b. Eşler genellikle mutlu/mutsuz görünürdü?

c. Çevremdeki evli çiftler "Kesin evlen" mi, "Aman sakın evlenme" mi derlerdi?

Şimdi *kendim* sütununa geçiyoruz:

1. Eşimizin öne çıkan ilk üç özelliğini yazalım.

2. "İyi ki evlendim" der miyiz? (Mantığımızla değil, duygu dünyamızla cevap verelim)

3. Evliliği 3 kelimeyle tanımlarsak...

4. Evliliğin en sevdiğim tarafı..., en sevmediğim tarafı.........(Boşlukları nasıl doldurursunuz?)

5. Evlenmeden önce nasıl bir evlilik hayaliniz vardı ve bu hayalin ne kadarını gerçekleştirdiniz?

Şimdi sıra sütunları karşılaştırmakta. Önce ebeveyn sütunuyla kendim sütununa bakalım. Cevaplarımız benziyor mu? Ebeveynimizin yaşadığı, algıladığı, bize bir sosyal öğrenme olarak emanet bıraktığı gibi bir evlilik mi yaşıyoruz? Evlilik algımızın ne kadarını ebeveynimizden ne kadarını öz benliğimizden almışız? Ya da ebeveyn sütununun tam zıddı bir evlilik mi inşa etmişiz? Acaba çocukluğumuzda gördüğümüz kötü yanları telafi etme çırpınışında olabilir miyiz? Aşırı telafi nedeniyle kendimizden uzaklaşmış olmamız mümkün mü? Sütunları karşılaştırıp anlamaya gayret edelim...

Sonra çevre sütununa bakalım. Çevremizdeki evliliklerden hangi duyguları, hangi görgüleri ve davranışları satın aldık acaba? Maddelerimizi tek tek okuyup üzerine düşünelim.

Bu çalışma bize, dünden bugüne adım adım oluşan evlilik algımız hakkında fikir verir. Evlilikle ilgili öğrenmelerimiz olumsuzsa eşimizin davranışlarındaki olumsuz yanları seçme ve buraya odaklanma ihtimalimiz yüksektir. Yağmur örneğinde olduğu gibi, olay nötr bile olsa, hangi algıyla olaya bakarsak o manayı çıkarır, o anlamı yükleriz. Örneğin, eşimiz gayet 'nötr' bir biçimde, altında hiçbir ima olmaksızın pişirdiğimiz yemekten bir çatal alıp, "Tuzu uzatır mısın?" demiş olsun.

Eğer çocukluktan bugüne oluşan ilişki algımız eleştirel bir dile karşı hassaslaşmışsa eşimizin bu nötr davranışını bir eleştiri olarak okumaya meyyal oluruz. Eleştirildiğimizi düşünüp, muhtemeldir ki içimizde öfke duygusu hissederiz. Eşimizin, "Tuzu uzatır mısın?" cümlesini, "Bu ne biçim yemek?" demiş gibi algılarız. Bu bağlamda algımızı fark etmek evliliğimize dair yaşanan durumları ikinci bir gözle –nötr olarak– gözlemleme olanağı sunar bize. Böylece kendimizi, eşimizi ve evliliğimizi yorduğumuz alanları azaltmış oluruz.

Peki var olan algımızı fark ettik, onu nasıl değiştireceğiz?

Seanslarda danışanlarımız genellikle bu soruyu sorarlar. *"Tamam Hatice Hanım, içgörü kazandık ama algılarımızı yıllardır oluşan öğrenmelerimizle oluşturduk. Otomatik olarak devreye giriyorlar, onları nasıl değiştirebiliriz ki?"*

Bunun yolunu gelin bir örnek üzerinden değerlendirelim...

Araba kullanıyorsunuz ve gayet dikkatli bir şoförsünüz. Orta hızla yol alırken birden kadının biri pat diye yola çıkıyor. Hem de sağına soluna bakmadan öylece atlıyor yola. Zar zor fren yapıyorsunuz. Az kalsın çarpacaktınız ve bir sürü iş açılacaktı başınıza. Bu senaryoda kendinizi düşündüğünüzde içinizde yola atlayan kadına karşı hangi duygu oluşuyor? Hemen kaşlarınız çatılıyor, öyle değil mi? Öfkeleniyorsunuz çünkü kadının tedbirsizliği yüzünden kaza yapacak olmanın kızgınlığını hissediyorsunuz.

Peki senaryomuz devam etsin. Öfkelendiniz. Araçtan çıkıp kadına çıkışacaktınız ki kadının yüzüne baktığınızda kör olduğunu fark ediyorsunuz. Şimdi bakın bakalım duygularınıza? Hâlâ kadına kızgın mısınız?

Bu örnekte olduğu gibi, içimizde oluşan duygular o olayın ne olduğu konusunda ortaya koyduğumuz düşüncelerimize göre şekillenir. Kadının tedbirsizce yola atladığını düşündüğümüzde öfke, kör olduğunu düşündüğümüzde merhamet hissederiz. O zaman soru şu: "Başımıza gelen olayları değiştiremediğimize göre, o olaylara bakış açımızı değiştirebilir miyiz?"

Selin bir aile apartmanına gelin gitmişti. Kayınvalidesiyle altlı üstlü oturuyorlardı. Kayınvalidesi Selin'in tanımına göre iyi bir insandı fakat biraz işgüzardı. Selin işe gittiğinde evine giriyor, evi toplamak bahanesiyle eşyaları karıştırıyor ve yerlerini değiştiriyordu. Selin bu duruma çok öfkeleniyordu. Ve bu süreç eşiyle ilişkisini germeye başlamıştı. Seanslarda Selin'in olası adımlarını değerlendirdik. Birinci tercih olarak eşiyle böyle bir şeyi zinhar istemediğini net bir şekilde konuşmasını ve annesini uyarmasını istediğini yazdık. İkinci tercih evin anahtarını değiştirmek ya da kayınvalideye anahtarı vermemekti. Lakin Selin bu iki ihtimalin de geri tepmesinden, ilişkileri kötü etkilemesinden endişeliydi. O zaman bir üçüncü ihtimale ihtiyacımız vardı: Olayı değiştiremiyorsak, olaya dair algımızı değiştirmek.

Selin'den kayınvalidesinin bu davranışının ona hissettirdiği duyguları yazması istedim. Önündeki kâğıda, 'öfke' yazdı. Peki, Selin için bu davranış ne ifade ediyordu da öfke duygusu ortaya çıkıyordu? "Sınırlarımın ihlal edilmesi, alanıma tecavüz edilmesi, varlığımın yok sayılması." dedi. Selin'e, "Çocukluğunu düşünürsek bu tanımlar tanıdık mı?," diye sordum. Cevap evetti. Selin, sınırları konusundaki hiçe sayılmayı, adamdan sayılmamayı, alan tecavüzünü doğup büyüdüğü ailede uzun yıllar deneyimlemiş ve küçük bir çocuk olduğu için bununla baş edememişti. İçindeki küçük kız yaşadığı haksızlığa o kadar öfkeliydi ki, şimdi ve bugünde yaşadığı olayları anımsatacak en ufak bir kıvılcımla yoğun öfke duygusu yaşıyordu. Selin'le çocukluk acılarını teker teker iyileştirirken, bir taraftan bilişsel düzeyde kayınvalidesinin olayına nasıl bir anlam yükleyebileceğimizi konuştuk. Selin'in ifadesiyle kayınvalidesi iyi bir insandı, onu seviyordu. Sadece köy ortamında yetişmiş ve oranın kültürüyle büyümüştü. Ayrı alan kavramı ya da kendinden küçükten izin almak, sınırına saygı duymak gibi öğrenmeleri yoktu. Bu davranışı kötülük olsun diye yapmıyordu. Yalnızca kendi normalini ortaya koyuyordu. Selin'e, "Kayınvalidenin bu davranışı senin hangi işlerini kolaylaştırıyor? Bu olayın olumlu üç yanını sayabilir misin?" dediğimde şunları söyledi:

1. Ben çalışan bir kadınım, evime gelip ortalığı topluyor olması işimi kolaylaştırıyor.

2. Eşyaların yerini değiştirmesi sinir bozucu ama geçen gün mutfak robotumu tezgâhın diğer tarafına koymuştu, orada daha kullanışlı olmuştu. Aslında bazen bu eşya burada daha iyi diyeceğim şeyler yapıyor.

3. Onda anahtar olması iyi çünkü acil bir durum olabilir ve eve girilmesi gerekebilir. Ben evde yokken evimin gözleniyor, korunuyor olması bana güvende hissettiriyor.

Selin'in algısındaki değişimi davranışlarıyla kalıcı hâle getirme planı yaptık. Zira davranış değiştiğinde, duygu değişirdi. Selin bu üç güzel özelliği kayınvalidesine olumlu bir geri bildirim olarak birer teşekkür cümlesi gibi yeri geldikçe söylemeye başladı. Her "Anne sağ olasın ya ben yokken evimi toparlıyorsun, Allah razı olsun." dediğinde, "Aaa bu blendır burada ne iyi olmuş." diye olumluyu dillendirdiğinde içindeki öfke azalmaya başladı. Tabii sınırlar da önemliydi. Bu nedenle en mahrem olan yatak odasının kapısını her evden çıkışında kilitlemeye başladı. Böylece iki şey yapmış oldu. Kendi dışında gerçekleşen bir olayın olumlu tarafını görmeyi seçerek kendini hırpalamaktan vazgeçti. Bununla birlikte kırmızı çizgisini belirlemeyi ve bu noktada sınırını çizmeyi deneyimlemiş oldu.

Evlilikte İyi Günler

Eğer bir iletişim kitabı okuyorsanız, göreceğiniz tavsiyelerin çoğu *kötü günler* içindir. Kötü zamanların ne olduğu, nasıl yönetileceği, nasıl çözümler üretileceği elbette önemlidir lakin eksiktir çünkü anlaşılmaya ve yönetilmeye muhtaç olan zamanlar sadece kötü olanlar değil, iyi diye adlandırdığımız günlerdedir de...

Peki nedir bu iyi günler?

Davetler, tatiller, herkesin sağlıklı ve iyi olduğu sıradan günler bizim *iyi günlerimizdir.* Ve bazen ambalajı iyi olan bu günler doğru anlaşılıp yönetilemediği için, kötü hatıralara dönüşürler.

a. Davetler

Kadını ve erkeği ben çizgisinden biz dairesine taşıyan önemli etkinliklerden biri, ortak katıldığımız davetlerdir. Bu davetlere beraberce gidiyor olmak psikolojik sistemimizde aile olmanın doyumunu oluşturur. Evlilikten önce ismimize gelen düğün davetiyeleri, evlendikten sonra '... Ailesi' diye gelmeye başlar. Sadece bu değişim bile iki benliğin ortak bir biz havuzu oluşturmasının sıcak ferahlığını içimize akıtır.

Eş olarak boy göstermek, düğün derneklerde, bayram ziyaretlerinde, ortak arkadaş grubuyla yaptığımız seyahat ve gezilerde birlikte olabilmek ilişki için önemli birer koruma faktörüdür. Ortak anı oluşturma formülüdür.

Lakin bazı evlilikler için *davetler* başlığı âdeta bir karabasan gibidir. Özellikle içe kapanık ya da sosyal fobik bireylerin bulunduğu evliliklerde diğer eş sosyal hayatın içinde dul gibi kalır. Bu durum, evliliğin iyi günlerine kötü hatıralar miras bırakır.

Sadık, sosyal hayatını minimumda tutan bir yapıdaydı. Elif 'le ilk tanışma yerinin kütüphane olması tesadüf değildi. Yalnız kalmayı sever, mecbur olmadıkça meclislere girmezdi. Evliliklerinin henüz ilk yılında davetli oldukları akraba oturmalarına ve düğünlere 'nezaketen' katıldı ama bu süreçten hiç hoşlanmadığını her seferinde belli etti. Aradan geçen yıllarda Elif sürekli gerginlik yaşamamak için davetlere Sadık olmadan gitmeye ve Sadık'ın gelmeyişine hasta, mesaiye kaldı, işi çıktı gibi mazeretler üretmeye başladı. Bir süre sonra da Sadık'ı kimse sormadı. Aile danışmanlığı için geliş sebepleri ise duygusal olarak uzağa düşmüş olmalarıydı. Evde yerli yersiz süreğen kavgalar oluyordu. İlişkilerinin ortak bir dayanağa ihtiyacı vardı. Ayda bir gün arkadaşlarla sosyalleşme ödevi üzerinde çalıştık. Ortak anılarını adım adım artırmaya başladık. Anılar arttıkça anlayış da arttı.

b. Tatiller

Son yıllarda genelleşen 'tatil=beş yıldızlı otelde yan gelip yatmak' anlayışı evliliğin tebdil-i mekân ile şarj olma ihtimalini azaltıyor ne yazık ki çünkü insan evinde yatmayı bırakıp başka bir mekânda yan gelip yatınca değil, yeni yerler görüp yeni deneyimler yaşayınca yenileniyor ve psikolojik olarak iyileşiyor. Seyahatin kendi içinde terapötik etkisi olduğunu söyleyen uzmanlar olduğu gibi, *"Yeryüzünde gezip dolaşın..." (Ankebut Suresi, 29:20)* ayetiyle insanı tefekküre, tezekküre ve meraklı bir keşfe davet eden bir Rabbimiz de var.

Tatile 'gezmek, görmek, deneyimlemek' olarak baktığımızda, sadece yıllık izinlerimizde büyük bütçeler ayırarak yapmak zorunluluğu hissettiğimiz bir eylem olmaktan hızla çıkarabiliriz. Bulunduğumuz muhitte daha önce gidip görmediğimiz bir park, bir orman, bir müze, günübirlik –hatta birkaç saatlik– geziler hem bireysel psikolojimize hem evlilik ilişkimize yenilenme ve güçlenme alanı hediye eder.

Münir, evliliklerinde ciddi sorunlar yaşadığı eşinin isteklerinden bahsederken, "Ben bu kadını hiç mutlu edemedim hocam. Her yıl yaz ayları gelecek diye karalar bağlıyorum. Yok komşular şuraya gitmiş, bilmem kim tatile şu oteldeymiş. Bizim harcımız değil bunlar hocam. Gözü yükseklerde bizim hanımın." cümlelerini kurmuştu. Hande Hanım ise yıl boyu çoluk çocuk, ev, iş, çok bunaldığını ve sadece değişime ihtiyaç duyduğunu ifade ediyordu. Münir'in lüks tatil isteği sandığı şey aslında tebdil-i mekân –yani rol değişimi– arayışıydı. Hande Hanım illa pahalı olsun derdinde değildi, nefes almak isteğindeydi. Çiftin tatil anlayışını değiştirdiğimizde aslında sorun sandıkları şeyin basit bir iletişim kazası olduğunu anladılar.

c. Sıradan Günler

Pek çok çift aile danışmanlığına geldiklerinde rutinin içine hapsolmuşluk duygusundan dert yanarlar. Biz danışmanlar bu noktada bir ayrım yapmayı öneririz. Rutin başka bir şeydir, rutine hapsolmuşluk hissi apayrıdır.

Rutin günlük, olağan, akışın içinde alıştığımız aktivitelerdir. Sabah ailece kahvaltı etmek, sohbet etmek, beraber televizyon izlemek, evden işe işten eve gidip gelmek, uyumak, cinsel ilişkiye girmek, çocuklarla vakit geçirmek bizim rutinimizdir ve okurken fark ettiyseniz, her biri paha biçilmez değerde eylemlerdir. Bunlar, tek bir tanesi olmadığında eksikliğini hissedeceğimiz, yokluklarında kederleneceğimiz şeylerdir.

Rutine hapsolma duygusu ile ifade edilen şey ise insanın psikolojik olarak ihtiyaç duyduğu tebdil-i mekân, rol değişimi, zuhurata tabi olmak, plansızlık gibi arada bir olmasını murat ettiğimiz eylemlerin yokluğu sonucu oluşan tükenmişlik hissidir. Bu duygudan çıkabilmenin en temel yolu rutinin külfet değil, nimet olduğunun farkına varmaktır. Her sabah uyandığımızda, uyanamayabilecekken uyanmış olduğumuzun, hasta olabilecekken sağlıklı olduğumuzun, yalnız olabilecekken aile olduğumuzun, aç olabilecekken tok olduğumuzun farkındalığını tazelemektir. Bu bilinç kişiyi elindeki nimete dair diri tutar. Rutinin kıymetini fark ettirir ve değişimler az da olsa elindekiyle mutlu olma kapasitesini geliştirir.

Filiz, eşi hızla yayılan pankreas kanserinden vefat ettikten sonra yas sürecini sağlıklı geçirmek için danışmanlık almıştı. Şu cümlesi her anın ne kadar değerli bir nimet olduğunu fazlasıyla anlatıyordu: *"Gidenin ardından insanı en çok ne yoruyor biliyor musunuz hocam? 'Keşke' demek. Keşke saçma şeyler için tartışmasaydık, keşke yatağa hiç küs yatmasaydık, keşke her anımızı son an gibi görüp değerini bilsek ve öyle yaşasaydık..."*

Evlilikte Kötü Günler

Hayat kendi hızında akan bir nehir gibidir. İçine girerseniz boğulursunuz, arkanızı dönerseniz muhteşem bir manzarayı kaçırırsınız. Yapacağınız en iyi şey uygun bir mesafede durup, akıp giden dalgaların keyfini çıkarmaktır. Çoğu evliliğe kötü günlerin dumanının çökmesi o günlerle değil, çiftlerin azgın bir nehre dalar gibi olayların içine dalıp gitmesi ile ilgilidir. Oysa uygun mesafede durulduğunda kötü diyebileceğimiz her olay bizim için olumlu bir hikmet pınarına dönüşebilecektir.

a. Hastalıklar

Aileye bir hastalık isabet ettiğinde tüm gündem değişir. Hastalığın büyüklüğüne göre, eşlerin birbiri etrafında olma ihtiyacı artar. Şehvet, yerini şefkate bırakır. Zira o süreçte ihtiyaç olan merhametli bir bakımdır. Hastalık kavramı bazı insanlar için olumsuz bir tetikleyiciye dönüşebilir. Çocukluğunda medikal işlemler görmüş, bir hastalık sebebiyle yakınını kaybetmiş, hastalığın acısını hissetmiş ya da hastalık süreçlerini güçsüzlükle eşleştirmiş kişiler için hastalık görmezden gelinmesi, içinden hemen çıkılması, savaşılması gereken bir yaşantı olarak görülebilir. Bu bakış açısı hem kişiyi hem evliliği yormaya başlar.

Bunun tam tersi bir noktada, hastalıklar kişiye acziyetini hatırlatır. İnsan psikolojisi kendini ne denli aciz hissederse zorbalık dürtüsünü o denli kontrol eder. Böylelikle merhamet açığa çıkar. Bu noktada diyebiliriz ki, bazen bir hastalık evlilik ilişkimizi dönüştürmek, güzelleştirmek, merhamet motifimizi artırmak için gelmiştir.

Meme kanserine yakalanan Nazenin, evliliklerindeki değişim sürecini şöyle anlatıyor:

"İnsan hastalığına hamd eder mi? Ben ettim. Çünkü eve geç gelen, ne benimle ne çocuklarıyla doğru düzgün ilgilenmeyen, evde olduğunda arkadaşlarıyla sürekli online oyunlar oynayan eşim, hastalığımdan sonra âdeta bana döndü, evimize döndü. Etrafımda dönmeye, ilgisini ve sevgisini göstermeye başladı. Sanırım bu kaybetme korkusuydu..."

Panik atak hastalığını yaşadığım neredeyse üç yıllık sürecin bir noktasında klinisyen bir dostumuz, "Bu hastalık sizi katıp karıştırdı. Birbirinizle ne kadar güzel bir ahenk yakaladınız, şimdi gerçekten eş olmayı öğrendiniz." demişti. Haklıydı. Çok şükür ki hastalığın savurduğu çiftlerden olmamıştık. Onun verdiği tüm mesajları okumaya çalışırken birbirimizin değerini anlamış ve âdeta iyi yoğurulmuş bir hamur gibi katıp karışmıştık.

b. Üçüncü Kişiler

Kötü günler bazen karı kocanın bizatihi kendileriyle değil, sağlıklı olarak çizemedikleri evlilik sınırlarıyla ilgilidir. Nitekim her şeye karışan bir kayınvalidede, can acıtan bir görümcede, imalı konuşan bir eltide hata aramak yanlıştır. Hatalı olan, üçüncü kişilerin ilişkimize bu denli sızmasına izin veren sınırsızlığımızdır.

İnsan elbette ki sosyal bir varlıktır. Evlilikler muhakkak ki yalnız karı ve kocadan oluşmamaktadır. Geniş ailemizin, akrabalarımızın ve dostlarımızın evlilik yaşantımız içinde önemli yerleri vardır. Fakat onlardan gelen *hangi* etkileri ilişkimize *ne kadar* alacağımız bizimle ilgilidir. Sınırlarımızı korumak meselesidir. Ailemizin sınırlarıyla ilgili ne denli sağlam ve net durursak, belki ilk başta olmasa dahi, zaman içinde üçüncü kişiler de bu sınırlara uymak mecburiyetinde kalacaklardır. Önemli olan önce kendimizin sınırlarımızı bilmesi, karı koca olarak kırmızı çizgilerimizin konuşulup belirlenmesi, sonrasında ise bu kararlarımızı uygun davranışlarla insanlara benimsetmektir.

Saide, evliliklerindeki sınır çizme sürecini şöyle anlatıyor:

"İlk evlendiğimiz zamanlarda kayınvalideme her şeyi anlatır, akıl alırdım. 'Anne şu eşyayı almayı düşünüyoruz, ne dersin? Hakan şuraya tatile gidelim diyor. Altınlarımızı şöyle değerlendireceğiz, şöyle düşündük...' gibi evliliğimize özel pek çok konuyu muhabbet mevzuu yapardım. Bir süre sonra fark ettim ki, ben bu konuları anlattıkça karışanımız çok oluyor! 'Onu neden aldınız ki, ben almayın demiştim', 'Ne tatili şimdi bu dar zamanda', 'Hmm oraya mı gidiyorsunuz, ben de geleyim sizinle' gibi karşılıklar almaya başladım. Evliliğimin sınırlarını ben açmıştım, ben kapatmalıydım. Bir

şey alacağımız, yapacağımız, bir yere gideceğimiz zaman öncesinden bahsetmemeye, yaptıktan sonra –eğer gerekiyorsa– söylemeye, bazen de aile içi kararlarımızı ailemizin içinde tutmaya başladım. İlk başta kayınvalidemle ilişkimizde bir soğukluk oldu. Ondan habersiz evimize aldığımız koltuk sonrası birkaç gün tavır yaptı ama önemsemedim. Neticede ev de, koltuk da, bütçe de, karar da benimdi. Zaman içinde taşlar yerine oturmaya başladı. Şimdi çok daha sağlıklı bir ilişkimiz olduğunu düşünüyorum."

c. Kavgalar

Her ilişkinin olmazsa olmazı tartışmalardır. Her evlilikte olur ve olması kesinlikle bir patoloji değildir. Ama nasıl olması? İşte burada kavga ile tartışma arasındaki farkı konuşalım isterim...

Kavga etmek denildiğinde seslerin yükseldiği, hakaretlerin edildiği, hatta bazen fiziksel darpların olabildiği bir süreç aklımıza geliyor. Kesinlikle negatif bir anlamı olan, olumsuz çağrışımlar yapan bir kelime kavga... Öte yandan tartışma ise, kavgadan farklı olarak, ayrı fikirlerin, görüşlerin, duyguların hararetli ya da sakin bir tonda, kırma, dökme, yaralama amacı taşımadan, kendini ifade etmek için anlatılması demektir. Bu bağlamla tartışma geliştiren, kavga gerileten bir süreç olarak karşımıza çıkar.

İşin tanım kısmını insanlara söylediğinizde zaten bu farkı biliyor gibi davranırlar. Lakin yine de pek çoğu kavga etmeye devam eder ve tartışma kültürünü evliliğine uyarlayamaz. Neden peki?

Kavgacı kişilerin çoğunlukla derin psikolojik yaraları vardır. "Canı acıyan can acıtır," sözünden yola çıkarak kavgacılığın altında canı çok yanmış bir çocukluk bulmak mümkündür. Kavgacı insanlar çoğu zaman sadece eşleriyle değil, hayatın kendisiyle de kavgalıdırlar. Maç izlerken küfrederler, trafikte biri önüne geçse korna ile taciz ederler, çocuklarının çocukluklarına yer açmaya tahammülsüzdürler, en ufak eleştiriyi tehdit addederler... İçlerindeki acıyı duymamak için dışlarındakileri acıtmaya meylederler. Bilmedikleri şey ise, dışlarını acıttıkça içlerindeki acının pekişecek olduğudur.

Eğer kendimizde böylesi bir kavga meyli hissediyorsak, yapabileceğimiz en doğru şey öfkemizin kaynağını bulmaktır. Geçmişe dair yaralarımız, acılarımız, uğradığımız haksızlıklar biz onları fark edip merhem sürdükçe azalarak ortadan kaybolurlar.

Bunun yanında bazen kavga etmeye yatkın insanlarda şişmiş bir ego hâli de görebiliriz. "Benim dediğim olacak", "Ben ne diyorsam doğrudur", "Kırıp dökmeye hakkım var" zihniyeti egosantrizmin derin sularına kapılmış, empati yoksunu insanların kullanım kılavuzu gibidir.

Bütün bu duruşlar önce eşleri, sonra evliliği elbette ki baltalayacaktır. Bu nedenle kavga kültüründen tartışma adabına geçmek evliliğin kötü günlerini iyi bir gelişim sahasına taşımak demektir.

Burak ile Senem şiddetli geçimsizlik için danışmanlık almaya geldiklerinde ilk gösterdikleri yüzleri kavgacı ve hırçın bir tablo çiziyordu. Seans sırasında dahi sık sık kavga ediyor, birbirlerine kırıcı sözler söylüyorlardı. Bu kavgalardan birinde ikisini de durdurup, "Bu kavgayı tartışmaya döndürelim beraber, ne dersiniz?" diye sordum. Kabul ettiler ve şu sorularla devam ettik.

"Burak Bey, eşinize öfkelisiniz. Bu duygunuzu, 'Şu an öfkeli hissediyorum çünkü şu olay oldu' şeklinde ifade eder misiniz?"

"Öfkeliyim çünkü annemler her bize geldiğinde ortam gergin oluyor, onları evde istemiyorsun gibi hissediyorum ve ikinizin arasında kalmak beni öfkelendiriyor."

"Teşekkür ederim, çok güzel ifade ettiniz. Senem Hanım, şimdi siz bu konuyla ilgili duygu ve düşüncelerinizi, 'Senin bu konuda böyle hissettiğini bilmiyordum, üzüldüm, benim bu davranışım şununla ilgili...' gibi bir cümleyle ifade eder misiniz?"

"Senin bu konuda böyle hissettiğini bilmiyordum, üzüldüm, annenler gelince biraz gerildiğim doğru çünkü sen de biliyorsun ki annenin eleştirel bir dili var. Ne yapsam yaranamıyorum gibi hissediyorum o gelince, kendi evimde diken üstünde oluyorum ve bu beni yoruyor."

"Çok güzel Senem Hanım, tebrik ederim. Karşılıklı bir olay belirlediniz, bu olaydaki duygu ve düşüncelerinizi birbirinize saldırmadan, kırmadan, hakarete varmadan ifade ettiniz. Bu size nasıl hissettirdi?"

Burak ve Senem kaliteli tartışmaya alışık değillerdi. Bu kültürü oturtmamız zaman alacaktı. Ama her ikisi de kavga etmeden de iletişim kurulabileceğini, öfkenin ifade edilebileceğini görmüşlerdi.

Duygular, Düşünceler ve Davranışlar

İnsanın hayata etki etme sürecinde birbirini tetikleyen üç insani süreç vardır. İnsanlar herhangi bir durum karşısında bir düşünce üretirler (algı), bu düşünce bir duygu durumunu açığa çıkarır, ortaya çıkan duygu sonucunda da bir davranış ortaya çıkar. Elbette her zaman düşündüğümüz ya da hissettiğimiz gibi davranmayız, lakin çoğu zaman bu 3D birbiriyle paralel gitmeye meyilli olur.

Aile danışmanlarına çiftler ekseriyetle davranış değişikliği için başvururlar. "Eşimin şu davranışını nasıl değiştiririz", "Karım bana şöyle yaptığı için ilişkimiz kötü", "Kocamın bu alışkanlığı bizi mahvediyor," gibi cümlelerin altında, "Hatice Hanım bize bir şey söyleyin ve bu davranış değişsin," isteği vardır. Lakin davranışlarımız –tabiri caizse– iç içe geçmiş halkaların sonuncusudur. Davranışları değiştirebilmek için önce duyguları ve düşünceleri anlayabilmemiz gerekir.

a. Duygularımız

Doğduğumuz andan itibaren var olan ve yaşam boyu gelişip zenginleşen sistemimiz, *duygusal sistemimizdir.* Duyguların oluşması o kadar önemlidir ki, onlar olmadan hayatta kalmamız âdeta imkânsızdır. Korku olmadan tehdit unsurlarından kaçmamız, kaygı duymadan tedbir almamız, sıkıntı hissetmeden harekete geçmemiz, mutluluk olmadan hayattan lezzet almamız, üzüntü olmadan acı hatıraların sağaltımını yapmamız mümkün değildir. Bütün bu duygular harika notaların bir araya gelişi gibi kusursuz bir hayat senfonisi ortaya koymakta bize yol gösterirler.

Lakin –özellikle toplumsal yapımıza baktığımızda– duygularımızı konuşan, sağlıklı yollarla ifade eden, hatta çoğu zaman farkında olan insanlar olmadığımızı görüyoruz. "Bu olay sana ne hissettirdi?," diye sorulduğunda, "Şöyle olduğunu düşündüm" diye cevap veren, düşüncelerini duygu olarak ifade eden çok insanımız var. Bununla birlikte toplumsal ağzımızda endişe ve sıkıntıyı dile getirirken, "Ha şurama bi öküz oturdu." dememiz, üzüntümüzü "Şuram sıkışıyor." olarak ifade etmemiz, kırgınlıklarımızı, "Mideme oturdu." olarak dillendirmemiz hep duyguları ete kemiğe büründürme çabamızın birer göstergesidir. Bütün bu süreçler bizi duygularımızı oldukları hâliyle hissetmekten, adlandırmaktan ve deneyimlemekten uzağa düşürür.

İlaveten, çoğu zaman duygularımızı 'iyi' ve 'kötü' olarak ikiye ayırma eğiliminde oluruz. Acı verici ya da rahatsız edici bir duygu durumuna girmişsek jet hızıyla oradan uzaklaşmaya, baskılamaya, yok saymaya çalışırız. İşte böyle olunca duygularımız hastalıklar olarak karşımıza çıkar. İfade edilememiş duygularımızın adı artık öfke, üzüntü, iğrenme, keder, korku değildir de haşimato, migren, fibromiyalji ya da ülserdir. Duygularımızın konuşan dilini duymayı başaramadığımızda, duygularımız da bizim anlayacağımız dilden konuşmaya başlar.

Davranışlar belli noktalarda evrensellik arz edebilir, zaman zaman ortak kültürlerin düşüncelerinde benzeşmeler olabilir ve fakat duygularımız en gerçek, en bize ait, en sahici tarafımızdır. Onları inkâr etmek, yok saymak ya da görmemek kendimize yapılmış en derin ihanetlerden biri olmaktadır.

Sağlıklı karı koca ilişkisinde de konuşan tarafımız öncelikle duygularımız olmalıdır. Yapılan araştırmalar, duygularını ifade eden çiftlerin evlilik ve yaşam doyumunun etmeyenlere göre anlamlı derecede yüksek olduğunu göstermektedir.

Peki duygularla nasıl konuşulur?

Duygularımızla konuşabilmemiz için önce duygularımızı fark etmemiz gerekir. Çocukken çok susturulduysak ya da ağlamamıza, öfkelenmemize, gülmemize izin verilmediyse duygularımızı çok derin bir yerlere gömmüş olmamız muhtemeldir ama bu duygusuz biriyiz demek değildir, sadece duygularımızı yeşertebilmek için gönül toprağımızı çapalamamız gerekecektir.

UYGULAMA: Duygularımızın farkında mıyız?

Bunun için bir kâğıt kalem alıp duygularımızı yazdığımız bir çalışma oldukça işlevseldir.

İlk adım, duygularımızı isimlendirme çalışmasıdır:

- Eşim bana bağırdığında .... hissederim.
- Beraber oturup film izlediğimizde .... hissederim.
- Evi temizlediğimi eşim fark etmediğinde .... hissederim.
- Eşim bana karşı annesini savunduğunda .... hissederim.
- Gece sarılıp uyuduğumuzda .... hissederim.
- Eşim davranışlarıyla beni çekici bulduğunu gösterdiğinde .... hissederim.
- Ben ağlarken umursamadığında .... hissederim.
- Ben öfkeliyken üzerime geldiğinde .... hissederim.
- Sabah uyandığımızda yanağıma bir öpücük kondurduğunda .... hissederim.

- Saatlerce telefonuna ulaşamayıp haber alamadığımda .... hissederim.

- Yanımda kustuğunu gördüğümde .... hissederim.

- Sifonu çekmediğini fark ettiğimde .... hissederim.

- Yemeğini şapırdatarak yediğinde .... hissederim.

- Birlikte müzik açıp dans ettiğimizde.................. hissederim.

- Beraber tatile çıktığımızda .... hissederim.

Şimdi siz de günlük, sıradan olaylar not alıp bu olaylarda ortaya çıkan duygu durumunuzu not edebilirsiniz. Bunu yaparken duygularınızı yazdığınızdan emin olun. Zira düşüncelerle duyguların birbirlerine karışmak gibi huyları vardır. Ya da onlar karışmaz ama biz onları karıştırırız. Duygularımız mutluluk, üzüntü, kıskançlık, öfke, korku, kaygı, iğrenme, bezme, hayal kırıklığına uğrama, sıkılma gibi içsel süreçlerimizdir.

Bu çalışmayı sadece yazarak değil, zihinsel bir çetele ile tekrar ederek olaylarda oluşan duygu durumumuzu fark etmeye daha çabuk geçeriz. Bu konuda sağlam bir içgörü geliştirmiş oluruz.

Sonraki adım, bu duygularla konuşmayı öğrenmektir.

Ne yazık ki çocukluktan beri en çok duyduğumuz dil eleştirel/suçlayıcı dildir. Acı ya da yoğun bir duygu hissettiğimizde o duyguya izin vermek ve kendi duygumuz olduğu bilinciyle sorumluluğunu üstlenmek yetişkince bir davranıştır. Lakin çoğu zaman bunu öğrenmemiş olarak büyürüz ve bu konuda çocuk kalırız. Eşimizin bir davranışı sonrası içimizde öfke hissettiğimizde kızgınlıkla, "Neden beni öfkelendiriyorsun!" diye çıkışırız. Oysa eşimizin –çoğu zaman– niyeti bizi öfkelendirmek değildir. O sadece kendince bir hareketi ortaya koymaktadır. O harekete kendi merceğimizle bakıp öfke duygusunu deneyimleyen bizizdir. Bu nedenle duygu diliyle konuşmak *suçlayıcı* değil, hâlimizi *açıklayıcı* bir tondan yaklaşmaktır.

"Neden beni öfkelendiriyorsun!" değil, "Bu davranış beni çok öfkelendiriyor." "Benimle ne biçim konuşuyorsun!" değil, "Bu kelimeleri duyduğumda üzülüyorum."

"O çay bardağını yine sehpada mı bıraktın!" değil,

"Bardağını mutfağa götürmediğini gördüğümde öfkeleniyorum." "Yine mi başın ağrıyor, bıktım senden!" değil,

"Seni arzuladığımı belli edip geri çevrildiğimde kendimi reddedilmiş hissediyorum," gibi cümlelerle duygularımızla konuşma dilini öğrenmiş ve daha sağlıklı bir iletişim kurma yolunu keşfetmiş oluruz.

Aşağıdaki durumlarda hissettiğiniz şeyleri *duygu diliyle* ifade etmeye ne dersiniz?

1. Bebeğimiz gece her uyandığında eşim horul horul uyuyor.

....

2. Annemiz evimize her gelişinde eşim surat asıyor.

....

3. Eşim işten dönerken mutlaka almasını söylediğimiz şeyi almayı unutmuş ve bunu ilk kez yapmıyor.

....

4. Çocuklara dair neredeyse hiçbir sorumluluk almıyor.

....

5. Öfkelendiğinde çok kırıcı laflar söylüyor.

....

b. Düşüncelerimiz

"Düşünce nedir?" diye sorulduğunda vermeyi en sevdiğim cevap, "Nasıl ki mesanemiz idrar, tükürük bezimiz tükürük, bağırsağımız dışkı, tenimiz ter üretir... İşte aynı bu şekilde, beynimiz de düşünce üretmekle sorumludur." tanımıdır.

Düşünceler, bilişsel sürecin birer ürünü olarak karşımıza çıkarlar. Düşünme eylemi, olayları anlamlandırma ve işleme koymakta bize yardımcı olur. Tabii hayatın içinde sayısız olayla muhatap olduğumuzu düşünürsek, zihnin her olayı teker teker analiz edip onun hakkında kreatif bir düşünce üretmesinin ne denli imkânsız olduğunu görmüş oluruz. Bu nedenle zihnimiz duygularla eşgüdümlü çalışarak, yaşadığımız olaylar hakkında öğrenilmiş düşünceler oluşturur. Jefferey Young'ın ifadesiyle, bu hazır düşünce paketleri bizim *şemalarımızdır.* Bir olay hakkında ne düşüneceğimiz sistemde zaten var olan öğrenilmiş şemalarımıza uygun şekillenir. Otomatik düşünceler dediğimiz bu süreç yaşamımızın çok büyük bir kısmını kapsamaktadır. Beynin günde ortalama 10.000-15.000 düşünce üreten pek çalışkan bir organ olduğunu düşündüğümüzde, bu düşüncelerin çok az bir kısmının bilişsel farkındalığımızda olduğunu da anlamış oluruz. Bu nedenle bizden farklı düşünen, farklı algıları olan insanlarla bir arada olmak çok zenginleştiricidir. Zira ancak bu yolla hayata dair farklı düşünce sistemleri geliştirebilmemiz mümkün olur. Bu minvalde evlilik hayatında da eşlerin her zaman aynı düşünmesi değil, farklı düşüncelerini uygun ifade etmesi zenginleştirici bir durumdur.

Peki düşünceler ne zamanlarda dostumuz, ne zaman düşmanımız olur? Gelin bu konuyu etraflıca düşünelim.

Düşüncelerimiz –özellikle otomatik olanlar– aynı olayları tekrar tekrar yaşamamamız için işe yarar bir data oluştururlar. Daha önce düştüğümüz yerden tekrar düşmeyelim, elimizi yaktığımız ateşe yeniden elimizi sürmeyelim diye hızlıca zihnimize dolarlar. Bu çok hayati, işlevsel ve az enerji ile kolay yaşamamıza yardımcı olan bir sistemdir. Lakin düşüncekalıplarımızın çoğu çocukluk yıllarımızda oluştuğu için, yetişkinliğe aynı düşünce biçimini taşımak bazen yanıltıcı olabilmektedir.

Küçük bir çocukken dünyayı önce ebeveynlerimizin, sonra çevrenin perspektifinden algılarız. Bu algılarımız küçük bir çocuğun ihtiyaç duyduğu emniyet ve güvene yöneliktir. Nitekim organizmanın en önemli görevi hayatta kalmaktır. Bu nedenle beynimiz öncelikle tehlike sinyallerine duyarlıdır. Eğer etrafta bizim için tehlikeli şartlar fazlaysa, bu duyarlılık zihinsel çarpıtmalar oluşturmaya başlar. Bizi hayatta tutmak için çarpıtılan gerçek yaşantılar zihnimizde bilişsel kırılmalara neden olur. Bu durum çocukluk yılları için koruyucu olabilir fakat artık korunmaya muhtaç olmadığımız yetişkinlik yıllarımıza bu bilişsel çarpıtmaları taşımak evlilik hayatımızı (ve tabii bireysel psikolojik sağlığımızı) zora sokacaktır.

Bilişsel çarpıtmalar hayatı reel hâli ile değil de filtreli hâliyle görmek gibidir. Bunu şöyle düşünebiliriz, gözümüzde camları kırmızı bir gözlük olsa, baktığımız her yeri kırmızı görürüz. Oysa her yer kırmızı değildir, gözümüzde kırmızı gösteren bir gözlük vardır. O gözlüğü çıkardığımızda her şey gözümüze olduğu hâliyle gözükmeye başlar. Bu noktada irrasyonel düşüncelerimizi tespit edip iyileştirmek evliliğimize büyük fayda sağlayacaktır.

a. Ya Hep Ya Hiç Düşüncesi

Bu düşünce biçimi hayata siyah ya da beyaz olarak bakmayı, grileri görmemeyi ifade eder. Bu düşünce yapısına sahip kişi bir olay zihnindeki şemaya uygun olmadığında onu çöp sayar. Ya onun istediği gibi olacaktır ya hiç olmayacaktır gözüyle bakar.

Hidayet, eşi Serenay'ın bu bilişsel çarpıtmasını şöyle anlatıyor:

"Evlilik yıl dönümümüz için genellikle eşim plan yapar. Ben iyi plan yapabilen bir adam değilim ama yapılan plana uyarım. Geçen yıl dönümü-

müzde Serenay benim plan yapmamı istediğini söyledi. Benim için zor, gerçekten bu konuda onun kadar iyi değilim ama madem istiyor, kabul ettim. Nişanlıyken gittiğimiz salaş bir köfteci vardı, orada çok güzel hatıralarımız geçmişti, çok severdik ikimiz de. Orada yemek yeriz, geçmişi konuşuruz diye düşündüm. Sonra da evimize gelip akşamı baş başa geçirme planı yaptım, çocukları anneannelerine bırakmayı ayarladım. Ama Serenay köfteciyi görünce surat asmaya başladı. Evlilik yıl dönümünde ona burayı mı layık görmüşüm, böyle olur muymuş diye bir dolu söylendi. Neden orayı seçtiğimi anlattım ama ikna olmadı. Oysa bence çok romantikti. Gün boyu surat asıp onu hiç sevmediğimden, anlamadığımdan dert yandı. Aslında onu anlıyorum, kafasındaki şey her ne ise ona uygun olmayan hiçbir şeye kabulü yok Serenay'ın. Sanırım ben de onun kafasındaki eş tanımına uymuyorum..."

b. Aşırı Genelleme Düşüncesi

Aşırı genelleme, var olan tek bir şeyi hep varmış/olacakmış gibi ya da olmayan tek bir şeyi hiç olmamış/olmayacakmış gibi düşünmektir. Eşlerin birbirlerine kurdukları, "Sen hep böylesin!", "Hiç yapmıyorsun ki..." tarzı cümleler aşırı genelleme örneklerindendir.

Serap'la seanslara başladığımızda eşiyle ilgili ciddi sıkıntıları olduğunu söylüyor ve kendini şöyle ifade ediyordu: "14 yıllık evliyim ve hiç mutlu olamadım. Bu adamla mutlu olabileceğime de inanmıyorum zaten!"

Böyle durumlarda bu çarpıtmayı fark etmek için yapmamız gereken şey 'hiç'leri ve 'hep'leri sınamaktır. Örneğin, "Hiç mutlu olmadım." diyen zihnimize şunu sorabiliriz: "14 yıllık evliyim, bu 5110 gün eder. Bu 5110 günün hiçbirinde mutlu değil miydim gerçekten?" Bu zihinsel çalışma bize bazı günler mutlu, bazı günler mutsuz olduğumuzu ve bize mutsuzluk veren günlerin nedenlerini bularak daha mutlu hissedebileceğimizi öğretir. Nitekim eşimize yönelttiğimiz, "Şunu hiç yapmıyorsun!" ya da "Sen hep böylesin!" tarzında suçlamalar değişimin önündeki en büyük engellerden biridir. Kişide, madem hep böyleyim, niye değişeyim sen beni kabul et savunması oluşturur.

c. Dürbün Bakışı

Bu bilişsel çarpıtma dürbüne düz bakınca büyük, ters bakınca küçük görünmesinden hareketle ismini alır. Bu zihinsel sürece sahip kişiler var olan güzel/olumlu şeyleri küçültmeye, var olan kötü/olumsuz şeyleri büyütmeye meyillidirler.

Nefise, seans için aradığı gün gelmesi gerektiğini, yoksa canına kıyacağını (!) söyleyip randevu aldığında çok büyük bir problemi olduğunu düşünmüştüm. Seansa gözleri şiş gelmişti, belli ki çok ağlamış ve gece uyumamıştı. Ne olduğunu sordum ve anlatmaya başladı:

"Hocam, eşimin telefonunda bir kızla yazışmasını okudum. Beni aldatıyor!" "Eşinizin sizi aldattığını düşünüyorsunuz. Peki ne yazıyordu mesajlarda?" "Bunun bir önemi var mı? Bir kızla yazışıyordu diyorum..."

"Anlıyorum, sizi üzdüğünü de görüyorum. Lakin yazıştığı kişiyi ve eşinizi tanımıyorum. Dolayısıyla onlara ne yazıştıklarını soramam. Bana siz anlatır mısınız? Böylece olayı beraberce etraflıca düşünüp değerlendirmiş oluruz..."

"İşte, iyi akşamlar yazmış önce. İş yerinden bir sekreter kız bu. İşle ilgili bir şeyler yazmış ama arada gülücükler, emojiler falan var. Mesajın sonunda da yarın görüşürüz diyor. İşte her şey belli değil mi?!"

Nefise gibi düşünen insanlar küçücük olabilecek olayları büyütüp, tabiri caizse pireyi deve yaparlar. Bunun aksine, Emine gibiler ise var olan güzelliği sıradanlaştırmaya meyillidirler çünkü hayata dürbünün diğer tarafından bakarlar.

Emine, eşiyle ne kadar mutsuz olduğunu anlatırken eşi Hüseyin dayanamayıp araya girdi. "Hatice Hanım," dedi, "sadece bu yaz yaşadıklarımızı anlatayım size. Biz serbest çalışıyoruz, maddi durumumuz iyi çok şükür. Her fırsatta gezeriz. Bu yaz, sadece üç ay içinde dört ayrı uzun tatil yaptık. Denize girdik, gezdik, yeni yerler gördük. Ben evcimen bir adamım, yengeç burcuyum zaten, evi severim. İşten çıkar eve gelirim. Evde otururuz, bazen çıkar yürüyüş yaparız. Evimiz müstakil, büyük bir bahçemiz var. Eşimle çiçek diker, bakımını yaparız. Evde köpeğimiz var, onu gezdiririz her gün. Ortak alanımız çok fazla. Sadece şu söylediklerimden yola çıkarak bile 'Biz mutluyuz' diyebilirim. Ama Emine'ye hiç yetmiyor, hiçbir şeyle yetinmiyor."

Hüseyin'in bu çıkışına Emine şöyle cevap verdi: "İyi de bunları herkes yapıyor zaten!"

d. Mental Filtre

Mental filtre, zihnin sadece negatif şeyleri filtrelediği bir bilişsel durumdur. Zihin olaylardan –öyle olmasalar dahi– olumsuz anlamlar çıkarmaya yatkındır. "Bana neden öyle baktı, kesin beni sevmiyor", "Eşim bugün işe giderken beni öpmedi, ayrılacak bu adam benden!", "Neden bugün böyle süslendi, yoksa beni aldatıyor mu!", "Ben bütün gün evde yemek yapayım, bak sen şuna çorbayı içmedi bile, kesin beğenmedi." gibi düşünceler, olumlu şeyler sanki hiç yokmuş/olmuyormuş, her şey hep bizim aleyhimizeymiş gibi şekillenen bir çarpıtma formunu gösterir.

e. Olumsuz Sonuç Okuma

Falcılık ya da akıl okuma olarak adlandırılan bilişsel süreçler gelecekle ilgili olumsuz sonuçlara odaklanma çarpıtması yaşamamıza neden olurlar. Aslında belki olmayan, olmasının ihtimali bile olmayan olaylar hakkında suizan etmemizi sağlarlar. "Eşim beni beğenmiyor, kesin terk edecek." gibi bir düşünceyi ele alalım. "Sizi beğenmediğiyle ilgili nasıl somut delilleriniz var? Bunu söylüyor mu?" diye sorduğumuzda bu bilişsel sürece sahip kişiler, "Söylemiyor ama ben öyle hissediyorum." derler çünkü gerçekten, eşlerinin onları beğenmediği, terk edip gideceği ile ilgili zannın dışında ellerinde bir veri yoktur. Evlilik hayatında bu bilişsel süreç zehir etkisi oluşturur. Eşinin gayretini göremeyen, her davranışından negatif mana çıkaran bir ilişki çok yorucudur.

f. Kişiselleştirme ve Suçlama

Kişiselleştirme, kendisiyle ilgili olmayan şeyleri dahi kendinden bilip kendi kişiliğine mal etmektir. Eşinin öfkeli hâlini ya da ortaya söylediği bir lafı üzerine alınmak, "Benim yüzümden öfkeleniyor", "Bana söylüyor, onu hiç hak etmiyorum, çok yetersizim." gibi düşüncelerle işleme sokmaktır.

Suçlama ise yapılan davranışların ve hissedilen duyguların hiçbir sorumluluğunu almayarak diğer insanları suçlama hâlidir. "Sen böyle bakımsız bir kadın olduğun için seni aldattım." diyen erkek kendi nefsi zaafını eşi üzerinden tanımlayarak bu bilişsel sürece girmektedir.

g. 'Kaderimmiş' Şeması

Bazı kişiler olayların onların kontrolünde olmadığını, hiçbir şeye etki edemeyeceklerini düşünürler. Ters giden şeylerin kendilerine bir ceza ya da kefaret olduğuna inanıp değişim için hiç gayret göstermezler. Neden harekete geçmedikleri sorulduğunda, "Kaderimmiş, nasıl değiştireyim, mecbur yaşayacağız." tarzı cümleler kurarlar. Bu hâl ilişkide öğrenilmiş bir çaresizlik ortaya çıkarır. Her şeyi koşulsuzca kabul edip 'kurban' şeması ortaya koyan bir eşin karşısında davranışlarına ihtimam göstermeyen birinin olması olasıdır. Ne de olsa eşi her şeyi kaderi sayıp sineye çekmektedir.

h. Ödül beklentisi

İnsanlar bir konuda gayret edip emek verdiklerinde sonucunun olumlu olacağını varsayarlar. Tabii bu insani bir beklentidir. Lakin bazı kişilerde bu durum beklentinin ötesinde bilişsel bir çarpıtma olarak karşımıza çıkar. Evliliğiyle ilgili bir adım attıysa karşısındakinin de hemen uyumlanması gerektiği düşüncesi, eşi için bir hazırlık yaptığında beklediği ölçüde karşılık görme düşüncesi, çok da sevmediği kayınvalidesine iyi davrandığında hemen eşinden takdir/ödül görme beklentisi gibi irrasyonel düşünceler bu beklentilerin gerçekleşmeme ihtimali de olduğu için kişinin öfkelenmesine, üzülmesine, sık sık kırılmasına yol açar.

UYGULAMA: Gerçek Dışı Düşüncelerimi Nasıl Değiştirebilirim?

Bilişsel çarpıtmaların hayat algımızı ne denli bozabileceğini gördüğümüze göre, şimdi değişim kısmını konuşabiliriz. Zira artık bunu istediğimizi düşünüyorum. Nitekim Albert Ellis, "Akılcı düşünceler sağlıklı duygulara, akılcı olmayan düşünceler sağlıklı olmayan duygulara yol açar." der. Bu bağlamda düşüncelerimizi sağlıklı hâle getirmek, evliliğimizde sağlıklı bir duygulanım oluşturabilmek adına oldukça önemlidir.

Bir düşünce biçimini değiştirmemiz için önce o düşünceyi yakalamamız, yani farkında olmamız gerekir. Bunu yapabilmek için yine kâğıt kalemle çalışacağız. Böylelikle zihnimizin haritasını kâğıt üzerinde daha net fark etmiş olacağız. Ayrıca düşüncelerimizi yazmak, zihnimizden hızla akıp giden bulanık düşüncecikleri görmemiz ve anlamlandırmamız için de oldukça faydalı olacaktır.

- Öncelikle aklımızdan geçen birkaç düşünceyi kâğıda yazalım. Sonra bu düşüncelerde bilişsel çarpıtmalar var mı, varsa hangileri, listemizden bakalım. Tespit edelim. Bu çarpıtmaları ne kadar sıklıkta kullanıyoruz? Özellikle hangi konularda zihnimiz bizi irrasyonelliğe sürüklüyor, bulmaya çalışalım.

- Bilişsel terapinin en sık kullanılan yöntemlerinden biri, *kanıt bulmaktır.* Diyelim ki, eşim beni hiç beğenmiyor gibi bir düşüncenizi yakaladınız. Bu düşünceyi kâğıda yazın. Sonra kâğıdın soluna delilleri, sağına anti-delilleri yazmaya başlayın. Deliller kısmını yazarken şöyle yol alın: "Bu düşüncenin doğruluğunu bana hangi davranışlar ve cümleler ispatlıyor?" Anti-deliller kısmına ise, "Bu düşüncenin yanlış olduğunu bana hangi cümleler ve davranışlar ispatlıyor." diye sorarak yazmayı sürdürün. Sonuçlara baktığınızda anti-deliller kısmının daha çok olduğunu göreceksiniz.

- Bir diğer bilişsel terapi etkinliği, "Arkadaşına ne söylerdin?" tekniğidir. İnsan en acımasız yorumları çoğu zaman kendisi için yapar. Kendine objektif olmak, nesnel değerlendirme yapmak zordur. Zira daha önce söylediğimiz gibi, kişinin en kör noktası kendisidir. Pek çoğumuz kendimizle, bir arkadaşımız bize danışsa ona söyleyeceğimiz şefkatte ve reellikte konuşmayız. Bu nedenle yazdığınız cümlelerden birini bir arkadaşınız size söylüyor gibi düşünün, ona ne söyler, nasıl önerilerde bulunurdunuz? Mesela arkadaşınız, "Hiç iyi bir eş değilim." demiş olsun, ona nasıl yol gösterirdiniz?

- Bir diğer teknik ise, "En kötü ne olur?" tekniğidir. İnsan aklına takılmış düşünceyi felaketleştirme boyutuna hızlı kayar. Limbik sistemi onu zarardan korumaya programlı olduğu için çoğunlukla en kötü senaryoyu düşünür. Burada yapacağımız şey olabilecek en kötü ihtimali düşünüp kendimizi bununla yüzleştirmektir. "Kayınvalidem beni sevmiyorsa en kötü ne olur?"

- Son etkinliğimiz ise, "Farklı düşünce bulma" etkinliğidir. Tespit ettiğimiz irrasyonel düşünce yerine, "Başka nasıl düşünürsem zarar görmem, benim için daha işlevsel olur?" sorularını sorup alternatif düşünceleri kâğıda yazalım. Artık zihnimiz otomatik olarak bilişsel çarpıtmalara kaydığında ona sunabileceğimiz alternatif düşünceler elimizde olacak.

Tabii her düşüncemizi bulup böyle teker teker üstünde çalışamayız. Buna enerjimiz de ömrümüz de yetmez. Fakat birkaç defa kâğıt üzerinde yaptığımız bu çalışmalar zihnimizin bu konuya dikkatini çekmiş, yeni bir yolun nöral ağını kurması için harekete geçirmiş olur. Yeni düşünme tarzımız, zaman içinde öğrenilen ve otomatik olarak kullanılan yeni bir yola dönüşür.

c. Davranışlarımız

Davranışlarımız, görünen kısmımızdır. İlişkilerimizi kaliteli ya da kalitesiz hâle getiren parça tam da burasıdır. Zira dinen dahi düşüncelerimizden ya da hissettiklerimizden sorumlu değilken, nasıl davrandığımızdan hepimiz hesaba çekileceğiz.

Bir davranışı değiştirmek beraberinde duygu ve düşünce değişimini de getirir. Davranışlarımız değiştikçe o davranışla ilintili olan duygu ve düşüncelerimizde de değişimler başlar. Bu konuyla ilgili çok sevdiğim Çin kaynaklı bir öykü şöyledir:

Uzun yıllar önce Lili adlı bir kız evlenip, aynı evde kocası ve kayınvalidesiyle birlikte yaşamaya başlar. Lakin kısa süre sonra kayınvalidesiyle geçinmenin çok zor olduğunu anlar. İkisinin kişiliği tamamen farklıdır, bu da onların sık sık kavga edip tartışmalarına yol açar. Bu, geleneklere göre hoş bir davranış değildir ve çevrenin tepkisini çeker.

Birkaç ay sonra bitmez tükenmez gelin kaynana kavgalarından ev, annesiyle kendisi arasında kalan eşi için cehennem hâline gelmiştir. Artık bir şey yapmak gerektiğine inanan genç kız doğruca babasının eski arkadaşı olan aktara koşar ve derdini anlatır. Yaşlı adam ona bitkilerden yaptığı bir terkip hazırlar ve bunu kaynanası için yaptığı yemeklere üç ay boyunca her gün azar azar koymasını söyler.

Zehir az az verilecek, böylece onu gelininin öldürdüğü belli olmayacaktır. Yaşlı adam genç kıza kimsenin ve eşinin şüphelenmemesi için kaynanasına çok iyi davranmasını, ona en güzel yemekleri yapmasını, her zamankinden daha büyük bir ilgi göstermesini söyler.

Sevinç içinde eve dönen Lili yaşlı adamın dediklerini aynen uygular. Her gün en güzel yemekleri yapar ve zehri kayınvalidesinin tabağına azar azar damlatır. Kimseler şüphelenmesin diye de ona çok iyi davranır.

Bir süre sonra kayınvalidesi değişmeye başlar. Kendisine böylesi tatlı dil, güler yüzle davranan gelinine kendi kızı gibi davranır. Evde artık barış rüzgârları esiyordur.

Genç kız kendisini ağır bir yük altında hisseder. Yaptıklarından pişman vaziyette aktarın yolunu tutar ve yaşlı adama şimdiye kadar kaynanasına verdiği zehirleri onun kanından temizleyecek bir iksir için yalvarır. Kayınvalidesinin ölmesini artık istememektedir. Yaşlı adam karşısında gözyaşlarını tutamadan konuşup duran Lili'ye bakar ve tebessüm eder.

Ardından der ki:

"Lili! Sana verdiklerim sadece vitaminlerdi. Olsa olsa kayınvalideni daha da güçlendirdin, hepsi bundan ibaret. Gerçek zehir ise senin ona, onun sana olan hatalı davranışlarıydı. Birinin iyiliği başlatması gerekiyordu ve bu sen oldun. Seni tebrik ederim..."

İşte davranışçı terapi etkinlikleri temelde bu öyküdeki ana fikre dayanır. Davranış değişirse duygular değişir, duygular değişirse negatif düşünceler değişir, düşünceler değiştiğinde ilişki bambaşka bir hâle bürünür. Bu yüzden denir ki, *"Eylemler sözcüklerden çok daha yüksek ses çıkarırlar."*

UYGULAMA: Evliliğimizde Davranışlarımızı Nasıl Değiştirebiliriz?

Bu bölümde biraz ev ödevi yapacağız. Bu ödevleri yapmaya gönüllü olmak bile başlı başına iyileştiricidir. Nitekim değişim için emek vermek değişimi getirmese dahi ilişkiyi güçlendirir.

- Öncelikle değiştirmek istediğiniz davranışı belirleyin. Evliliğinizde hangi alan düzelirse büyük oranda iyileşme sağlanır? Bunu tespit edin. Birçok değişim alanı belirlemeyin, adım adım ilerleyin.

- Değişmesini istediğimiz alanı belirledikten sonra ilk adım olarak haftalık bir tablo tutun. Diyelim ki beraber geçirdiğiniz zamanın artmasını istiyorsunuz... Tabloya günleri yazın ve her gün baş başa geçirdiğiniz zamanı ve o zamanda neler yaptığınızı tabloya not edin. Böylece haftalık skorunuzu görmüş olursunuz. Şu an var olan reeli görmek hedef koyabilmek için de faydalı olur.

- Eğer değişimini istediğiniz şey artmasına değil azalmasına yönelik bir değişimse –örneğin çok kavga ediyorsanız ve bu durumdan kurtulmak istiyorsanız– yine aynı şekilde haftanın hangi günleri hangi sebepten tartıştığınızı not edin. Böylece kavga etmenize neden olan spesifik konular var mı? Spesifik durumlar ya da zamanlar var mı? Haftanın kaç günü ne kadar kavga ediyorsunuz görmüş olursunuz.

- Sonraki adım hedef koyma adımıdır. Artırmayı ya da azaltmayı istediğiniz şeyi ne kadar artırmak ya da azaltmak istiyorsunuz? Gerçekçi bir hedef belirleyin. Bu hedefi günlere bölüştürün. Diyelim ki, haftada ortak bir akşam vakit geçirebiliyorsunuz ve bunu artırmak istiyorsunuz. Bu hedefi ikiye çıkartarak başlatın. Hangi gece olacağını belirleyin. O gece neler yapacağınızı beraberce kararlaştırın.

- Eğer azaltmak istediğiniz bir durumsa yine hedeflerinizi konuşarak işe başlayın. Örneğin kavga etme konusunda haftanın iki gününü kavga günü ilan edin. Diğer günler kavgasız alanınız olsun. Diyelim, "Anlaşmazlıklarımızı not alacağız ve salı-perşembe günleri kavga edeceğiz. O günler tüm gün kavga serbest ama haftanın diğer günleri kavga yasak. Yasağı delen kişi olursa diğer kişinin istediği bir şeyi yapmak zorunda olacak. Bu da kurala uymamanın cezası." gibi.

- Bu uygulamada cezalar olduğu gibi ödüller de vardır. Bir haftalık hedefi tutturan çiftler en başta belirledikleri bir ödülü birbirlerine verebilirler. Birbirlerinin hoşlanacağı biçimlerde tebrikleşebilirler. Böylece istenen davranışlar pekiştirilmiş olur.

Evliliğin Olmazsa Olmazı: Karşılıklı Regülasyon

Bir kadın olarak evlilik eşiğinden geçtikten sonra, Kur'an-ı Kerim'de yer alan, kadın ve erkeğe dair ayetleri okumaya başladım. Şu ayet-i kerime oldukça dikkatimi çekti ve üzerine uzun uzun düşündüm.

"Kendilerinde sükûnet bulup huzura eresiniz diye kendi cinsinizden eşler yaratıp, aranızda sevgi, aşk ve merhamet var etmesi de O'nun (c.c.) varlığının, kudretinin ve yeniden diriltmesinin delillerindendir." (Rum Suresi, 30:21)

Yüce Mevla bu ayetinde karı koca ilişkisini tarif ederken, "Kendilerinde sükûnet bulup huzura eresiniz diye..." diyordu. Peki bu ne demekti? Eşler birbirinde nasıl sükûn bulur, nasıl huzura ererdi?

İşte bu soruların cevabını psikoloji bilimi *karşılıklı regülasyon* kavramı ile açıklıyor. Yani *birbirini sakinleştirme, sakinleştirici bir rol üstlenme...* Hatırlarsanız bir önceki bölümde eşimizle güvenli bağlanmanın üç sac ayağından ikisini; emniyet (güven) ve yakınlık ihtiyacını etraflıca konuşmuştuk. Şimdi de karşılıklı regülasyondan bahsederek sakinleştirilme ihtiyacımızı da konuşmuş, böylece evliliğimizde güvenli bir bağa ulaşmış olacağız.

Karşılıklı regülasyonu anlayabilmek için önce sinir sistemimizin çalışma prensibine şöyle bir bakmamız gerekir. Sinir sistemimiz, yaratılmış en temel oluşumumuzdur. Tek görevi vardır, tehlikeleri fark edip bizi hayatta tutmak. Zira dünya tehlikeli bir yerdir ve neticede burada hayatta kalabilmek için bize, "Dikkat et dinozor geliyor!" döneminden itibaren tehlike çanlarını çaldıracak bir sisteme ihtiyacımız vardır. Bu sistem stres anında şöyle çalışır:

Sinir sistemimiz ortamda bir tehdit fark eder. Bu tehdit virüs, deprem, sel, yangın gibi dışarıdan bir tehdit olabileceği gibi eleştirilme, kınanma, kaybetme korkusu, ayrılık anksiyetesi, eleştirel iç ses gibi tamamen içimizden kök alan bir tehdit de olabilir. Sinir sistemimiz tehdidi algıladığında milisaniyeler içinde böbreküstü bezlerimize adrenalin salınımı için alarm verir. Vücudumuzda adrenalin salınımı olur, kan basıncımız artar, göz bebeklerimiz büyür, nefes alıp verişimiz hızlanır ve vücut kendini tespit ettiği tehdide karşı ya savaşmaya ya da kaçmaya hazırlamış olur. Bu süreç sempatik sinir sistemimizin aktif hâle geliş senaryosudur ve bedenimiz tarafından otomatik bir biçimde gerçekleşir. Sempatik sinir sistemi aktive olduğunda tehdit baş edebileceğimiz büyüklükteyse bizi savaşmaya, baş edebileceğimizden büyükse kaçmaya ya da hareketsizlik tepkisi vermeye yönlendirir.

Şimdi gelin bu tepkilerimizi inceleyelim.

En temel tepkimiz, *donma* tepkisidir. Tarihsel psikolojiye göre yaratılmış ilk canlılar basit canlılardı ve kendilerini korumak için yalnızca donma hareketi yeterli olmaktaydı. Belgesellerde sürüngenlerin ortamda bir kuş gördüklerinde nasıl donup kaldıklarını, nefes alışverişlerini dahi durdurduklarını izlemişizdir. Aynı şekilde araba hızla korna çalarak geliyor olmasına karşın yolun ortasında hareketsizce duran bir insan, çocuğu balkonun demirliklerine tırmandığında koşup almaktansa şok olmuş hâlde hareketsiz duran bir ebeveyn, korktuğu bir böcek kucağına geldiğinde eliyle silkelemek yerine öylece durup kalan bir kişi, sinir sisteminin 'donup kal' sinyalini ortaya koymaktadır. Bunu sağlayan sistem, *parasempatik sinir sistemimizdir.*

Parasempatik sinir sistemi, vücutta oluşan sempatik sinir sistemi tepkilerinin dengeleyicisidir. Bununla birlikte ilk oluşan sistemimiz yine parasempatik olandır. Bu sistem, bağırsakların kontrolüyle birlikte sindirim sistemiyle de ilişkilidir. Sindirim sistemi hastalıklarında parasempatik sinir sistemi travmaları önemli rol oynar.

Küçük bir bebeğin tehditlere karşı savaşabilecek ya da kaçabilecek gücü olmadığı için, hayatın ilk savunma tepkisi donma olarak karşımıza çıkar. Ve bu tepki insan güç kazanana dek onu hayatta tutar. Bir bebek, ebeveyninden şiddet gördüğünde kaskatı kesilir, kendisine zarar veren bir yetişkin ortamdaysa içinde oluşan tehdit algısını hareketsizliğiyle ortaya koyar. Bu hareketsiz hâl kendini zarardan koruma refleksidir. Bu nedenle travmatik bir biçimde şiddet gösteren ebeveynlerin çocukları daha sessiz sedasız, uyumlu görünen çocuklardır. Buradaki sessiz uyum bir sinir sistemi mekanizması olarak çocuğu hareketsiz bırakan *donup kal* sinyalidir.

Stres anında verdiğimiz bir diğer tepki ise kaç ya da savaş tepkisidir. Bu tepkiyi, ikinci oluşan sistemimiz olan sempatik sinir sistemi yönetir. Sempatik sistem kalp ve damar yollarına etki eder. Aktive olduğunda bizi ya öfkeyle savaşmaya ya da korkuyla kaçmaya sevk eder. İnsanın üç yaş sonrasında kendi benliğinin farkına varmasıyla birlikte sempatik uyarımları başlar. Bizim dıştan bakıp inatlaşma, öfke nöbeti, ağlama krizi dediğimiz şeyler aslında sinir sisteminin verdiği kaç ya da savaş tepkileridir. Bu sistemde oluşan travmatik süreçler kalp ve damar hastalıklarına yatkınlığı artırır.

Yüce Mevla'nın, *"Ahsen-i takvim (mükemmel kıvamda) olarak yarattım." (Tin Suresi, 95:4)* buyurduğu biz insanlarda ise bir stres tepkisi daha vardır. Bilim insanı Stephen Porges'un ortaya koyduğu *Polivagal teori*, insanın sadece donma, kaçma ya da savaşma ile değil, *sosyalizasyonla* da tehditlerle baş ederek sinir sistemini yönetebileceğini söyler. İşte tam da burada evlilikte *karşılıklı regülasyon* kavramı devreye girer.

Polivagal teoriye göre içten ya da dıştan bir tehdit algılandığında sinir sistemi adrenalin salınımını tetikler ve insan saldırı pozisyonuna geçer. Ortamda gerçek bir tehdit varsa bu sistem iyidir. Fakat ortamda –örneğin evimize dalmış bir hırsız gibi– gerçek bir tehdit yoksa, eşimizin bir davranışı veya çocuğumuzun uzun tutturmaları tehdit alarmını çaldırdıysa o zaman ne yapmak gerekir?

Evliliğimizdeki kırıcı kavgaların, şiddetin, aile birliğimizi ve dirliğimizi bozan tutumların oluşmaması ve stres anında akl-ı selim hareket edilebilmek için sempatik etkilerin ortadan kaldırılması gerekir. Zira vücudumuzda o kadar adrenalin varken sakin sakin konuşmak imkânsıza yakındır. O zaman sistemi dengelemek için parasempatik tepkileri açığa çıkarmamız, yani sinir sistemimizi güvende ve emniyette olduğumuza inandırmamız gerekir.

İşte Porges'un tarif ettiği sosyalizasyon burada devreye girer. Sosyalizasyon, tehdit anında bir diğeri ile sakinleşmek demektir. Yanında güvende hissettiğimiz bir kişinin yumuşak yüz ifadeleri ve sakinleştirici ses tonu ile sinir sistemimiz yatışmaya başlar. Bu kişi eşimiz olduğunda ise karşılıklı regülasyon kavramını hayatımıza geçirmiş oluruz.

Karşılıklı regülasyon sağlayabilmek için;

- Eşimiz tetiklendiğinde/öfkelendiğinde sakin kalmayı başarmamız,
- Yumuşak bir yüz ifadesi takınmamız,
- Hafif ve şefkatli bir ses tonuyla ona yaklaşmamız gerekir.

Bu noktada irfanın köklendiği Anadolu'nun bağrından kopup gelen şu hikâyecik karşılıklı regülasyona tatlı bir örnek gibidir.

Evlilikleri elli yılı devirmiş çiftin kavgasız gürültüsüz yuvasına gıpta eden komşuları evliliklerinde huzurun sırrını sorarlar. Yaşlı dede anlatır:

"Evliliğimizin ilk günü hanımla anlaştık. Akşam işten geldiğimde kapı açılınca hanıma şöyle bir bakarım. Eğer hanım eteğinin ucunu belinde topladıysa bilirim ki hanımın günü iyi geçmemiş ve havası yerinde değil. Hiç ekmek, yemek sormadan usulca mutfağa süzülür, sofrayı kurar, hanıma şefkatle davranırım. Olur ya bazen de benim asabım bozuk olur. O zaman fesin püskülünü her zamankinin aksine soldan sarkıtırım. O da bunu görür, asabi olduğumu anlar ve hiç sesini çıkarmaz, hemen yemeğimi, çayımı hazır eder. Etrafımda pervane gibi döner. Bu nedenle biz hiç kavga etmeyiz."

Dinleyenlerden biri, “Peki kapı açıldı, yenge eteğin ucunu belinde toplamış, sen de fesin püskülünü soldan sarkıtmışsın. İki taraf da asabi, o zaman ne olur?” diye sorar.

Bilge dede gülümser, “Bundan kolay ne var, fesin püskülünü hafif bir fiskeyle soldan sağa atıp hanımın gönlünü yapıveririm.” der.

İşte karşılıklı regülasyon, işte birbirinde ayet ayet huzur bulan eşler, işte sükûnetin demlendiği bir evlilik...

UYGULAMA: Birbirimizi sakinleştirebiliyor muyuz?

Aşağıdaki soruların cevabını eşimizle birlikte ayrı ayrı cevaplayalım. Böylece karşılıklı sakinleştirme adımında ne noktada olduğumuzu görebiliriz.

1. Eşim bir şeye öfkelenip söylenmeye başladığında...

a. Ben de ona söylenirim.

b. Susup sakinleşmesini beklerim.

c. Ona şefkatle bakıp, kendisi için yapabileceğim bir şey olup olmadığını sorarım.

2. Eşim işi nedeniyle çok stresli bir hafta geçiriyorsa...

a. Herkesin stresi kendine! Benim de bi sürü gerginliğim var!

b. Ortadan yok olurum ki bana patlamasın.

c. Onu rahatlatacak şeyler konusunda harekete geçerim (Sevdiği bir müzik açarım, masaj yapmayı teklif ederim, papatya çayı hazırlarım vs.)

3. Eşim bir yakınını kaybettiğinde...

a. Acısını yaşaması için onu kendisiyle bırakırım.

b. Acı çeken birisine nasıl yardım edilir hiç bilmem ki...

c. Bu süreçte neye ihtiyacı olduğunu sorar, ihtiyacına göre davranmaya çalışırım.

4. Eşim çocuklara bağırdığında...

a. Ne bağırıyorsun çocuklara, diye ben de ona bağırırım.

b. Ben de birlik olur, çocuklara kızarım.

c. Çocukları ortamdan uzaklaştırır, eşime canını neyin sıktığını sorarım.

Çoğunlukla 'a' dediyseniz...

Karşılıklı regülasyon davranışlarınız yok denecek kadar az gözüküyor. Çocukluğunuzda ebeveyniniz tarafından yeterince ve yerinde sakinleştirilmemiş olabilirsiniz. Bu sizi hırçın bir iç ses ile baş başa bırakmış olabilir. Ama hiçbir şey için geç değil. Öfkelendiğinizde, hayal kırıklığına uğradığınızda, acı çektiğinizde eşinizin size nasıl davranmasını isterdiniz? Bir kâğıda yazıp beklentilerinizi görün. Sonra da eşinize o biçimde davranmaya gayret ederek karşılıklı sakinleşmeyi öğrenebilirsiniz.

Çoğunlukla 'b' dediyseniz...

İyi niyetli bir eş olmanıza rağmen eşinizin yoğun duygularına nasıl karşılık vereceğinizi bilmiyor gibisiniz. Bu yüzden, yoğun duygular ortaya çıktığında kendinizi bilinmezlikten korumak için kaçıyorsunuz. Kaçmayarak, ortamda kalıp eşinize ihtiyacının ne olduğunu sorarak ko-regüle eden bir eş olabilirsiniz.

Çoğunlukla 'c' dediyseniz...

Tebrik ederim, eşinizin sakinleşmesine nasıl yardımcı olabileceğinizi biliyorsunuz. Fırtınada sığınılabilecek bir liman, duruşuyla huzur veren bir eş olmak ne kadar da kıymetli bir nimet!

> Bir anne-babanın çocukları için hazırlayabileceği en değerli çeyiz, mutlu ilişkilerine onları şahit etmektir.

Üçüncü Bölüm

"Benim Eşim Çok Zor!"

Zor Bir Eşle Yaşama Sanatı

"İdeal eş diye bir şey yoktur. Yalnızca yeterince iyi eş vardır, o da kusursuzca kusurludur."

—Stan Talkin

Evlilik kitapları genellikle 'normal' ilişkiler üzerine yoğunlaşır. Zira karı kocanın birinde 'anormal' bir durum varsa, yani çiftlerden biri bir kişilik bozukluğuna ya da patolojiye sahipse, o zaman genel geçer öneriler o evlilik için işlevsel olmayabilir. Ortamda bir bozukluk varsa en doğru adım bir meslek profesyoneliyle görüşmek ve iyileşmek için gayret etmektir.

Lakin bazen bozukluklara sahip kişi tedaviye yanaşmayabilir. Kendi mağdur olduğu gibi ilişkilerini de mağdur etmeye başlamış olabilir. İşte böyle durumlarda şunu bilmek gerekir ki, her bozukluk o süreci yaşayan kişinin kendi duygu dünyası ve ilişki sistemi içinde değerlendiriliyor olsa da –yine de diyebiliriz ki– patolojik süreçler yaşayan insanların bir kolayları ve olurları muhakkak vardır. Maharet, o bozukluğu iyi tanımak ve evliliğimizi etkilediği boyutları elimine edebilme becerisi geliştirmektir. İşte bu, *zor bir eşle yaşama sanatıdır.*

Gelin bu bölümde eşimizde normalin dışında bir durum varsa evliliğimizi nasıl güzelleştirebileceğimizi konuşalım.

1. Kaygılı Bir Eşle Yaşamak

Nesrin, eşinin onu terk edeceği, bir şekilde evliliğinin biteceği ya da kendisinin ve eşinin başına kötü şeyler geleceği konusunda sürekli endişeler yaşıyor. Ali, ne zaman çocukları hastalansa, yere düşse ya da her çocuğun yaşadığı küçük yaralanmalar yaşasa içinde patlayan derin bir öfkeyle eşine söyleniyor ve o gece hastalığın kötüye gideceği endişesiyle sabaha kadar uyuyamıyor. Narin'in toplu taşıma araçlarına bindiği zamanlarda ortaya koyduğu batıl inanç totemleri var. Otobüse ya da trene her bindiğinde kaza olacağından o kadar büyük bir endişe duyuyor ki, kendini rahatlatabilmek için aracın tavanındaki aydınlatmaları saymaya başlıyor. Murat'ın başına beklemediği bir olay geldiğinde –ki bu olayın kötü bir şey olmasına gerek yok. Eşinin ona hazırladığı bir doğum günü sürprizi de olabilir– kendini boğuluyor gibi nefessiz hissediyor ve toparlanması zaman alıyor. Melahat, eşi Hasan ne zaman iş seyahatine çıkacak olsa uyuyakalıp uçağı kaçırır endişesiyle sabaha kadar uyumuyor, evden çıkıp gideceği yere varıncaya değin onu en az on kere arayıp "Her şey yolunda mı" diye soruyor.

Tüm bu kişilerin ortak noktası *kaygılı olmaları...*

Benim eşim kaygılı mı?

1. En az altı aylık bir sürenin çoğu gününde birtakım olaylar ya da etkinliklerle ilgili olarak aşırı bir kaygı ve kuruntu (kaygılı beklenti) varsa,
2. Çoğu zaman kuruntularını denetim altına almakta güçlük çekiyorsa,
3. Bu kaygı ve kuruntulara aşağıdaki altı belirtiden üçü (ya da daha çoğu) eşlik ediyorsa kaygılı bir eşiniz var demektir:

- Dinginleşememe (huzursuzluk) ya da gergin ya da sürekli diken üzerinde olma,

- Kolay yorulma,
- Odaklanmakta güçlük çekme ya da zihin boşalması,
- Kolay kızma,
- Kas gerginliği,
- Uyku bozukluğu (uykuya dalmakta ya da uykuyu sürdürmekte güçlük çekme ya da dinlendirmeyen, doyurucu olmayan bir uyku uyuma)

Kaygı, en basit tanımıyla, bir tehlike ya da tehdide karşı bizi harekete geçiren duygu durumudur. Her duygu gibi kaygı da tamamen dosttur. Kaygı olmasaydı hiçbirimiz arabaya bindiğimizde emniyet kemeri takmaz, bir yere yetişebilmek için erkenden yola çıkmaz, sunum yapacağımız günün öncesinde iyi bir hazırlık yapmaz, evliliğimizi ya da ebeveynliğimizi daha iyi bir hâle getirmek için çabalayıp durmazdık. Kaygı, içinde var olan kaybetme, kaçırma, başına bir iş gelme, rezil olma gibi korkular sayesinde bizi hayatta ve diri tutan duygunun adıdır.

Peki kaygı bozukluğu nedir? Zaman zaman kaygı duymak insani ve doğal bir durumken, ortada hiçbir tehdit ya da tehlike yokken duyulan veya var olan tehlikeye karşı orantısız bir biçimde oluşan ve çoğu zaman kontrol altına alınamayan kaygı patolojik kaygıdır. Yani bir bozukluktur. Böylesi durumlarda kişi sıradan bir gün içinde oluşabilecek tüm tehlikelere karşı aşırı hassaslık geliştirebileceği gibi (arabaya bindiğinde, "Kaza yapacağım." diye gerilmek ya da yanında biri öksürse, "Kesin hastalık kaptım." diye düşünmek gibi) bazen de henüz olmamış –hatta olma ihtimali çok düşük olan– konular için derin endişeler yaşayabilir (ortada hiçbir sebep yokken, "Eşim beni terk edecek/Patronum beni kovacak." düşünceleri taşımak gibi...). Bu bağlamda diyebiliriz ki, kaygıyı normalden anormale taşıyan iki boyut vardır: Nedeni ve yoğunluğu.

Kaygılı bir eşle yaşamak zordur çünkü patolojik kaygı zaman içinde yaşam sevincini budayan bir hızara dönüşür. Sürekli hayatın tehditlerini gören bir kişi kendi güvenli alanında kalma konusunda ısrarcı olur. Bu nedenle kaygılı bir eşe sahip olmak yeniliklere açık bir hayatı, değişimleri, plansız davranışları, sürprizleri kapı dışında bırakmak ve rutinin içindeki güvenlik alanına hapsolmak anlamına gelebilir. Bu da yaşamın sürprizlerle dolu heyecanlı yanına sırt çevirmeye neden olur.

Hazal, hastalık kapacağı endişesiyle kalabalık ortamlara girdiğinde yoğun kaygı yaşıyordu. Eşiyle ne zaman bir düğüne gitseler muhakkak tartışacak bir nedenleri olurdu. Hazal öylesine gerilirdi ki, ortamdaki herkesin her hareketinden mana çıkarır hâle gelirdi. Kalabalık akraba toplantıları, bayram buluşmaları, arkadaşlarla gidilen kapalı mekânlar, hatta eşiyle sinemaya gitmek bile Hazal'ı aşırı kaygılandırıyordu. Böylesi ortamlarda sürekli gerilip kavga ettikleri için ayrı gezmeye başladılar. Ayrı yerlere ayrı gidiyor olmak zaman içinde ayrı duygusal dünyalar kurmalarına neden oldu.

Kaygılı bir eşten şu cümleleri duyabilirsiniz:

- "Çocuğun gribi geçecek mi diye uykularım kaçıyor, sen orada horul horul uyu!"
- "Ya patronun verdiği sunumda başarılı olamazsam? Hayatımız mahvolabilir!"
- "Yarın sabah 8:00'de uçağım var. Gece 2:00 gibi kalkalım ki, anca hazırlanırız."
- "Ellerini yıkadığına emin misin? Bir daha yıka istersen, emin olalım."
- "Yeni bir eve taşınmak benim için büyük kâbus, ya alışamazsak?!"

Kaygı, beden için bir alarm hâlidir. Kaygı sırasında kalp atışımız artar, göz bebeklerimiz büyür, nefes alış verişimiz hızlanır, vücudumuzda adrenalin gibi enerji, güç ve harekete neden olan hormon salınımları gerçekleşir. Zira ortada bir tehdit varsa, beden o tehditle savaşmamız için hazır olmalıdır. Ortamda gerçek bir tehdit varsa tabii...

Ortamda bir tehdit yokken ortaya çıkan bedensel kaygı işaretleri bozulmuş bir yangın alarmına benzer. Ortada yangın yoktur ama kişi yangın varmışçasına tetikte ve teyakkuzdadır. Vücudumuzu tehdide karşı hazırlayan sistem, sempatik sinir sistemidir. Bu sistem, tehlikeyi hissettiği an otomatik olarak devreye girer ve bedeni teyakkuza geçirir. Kaygı bozukluğu yaşayan insanlarda sempatik uyarım neredeyse sürekli olur. Bu nedenle günün normal rutini içinde dahi, kaygılı insanlar, içlerinde yangın alarmı çalmış telaşını ve tedirginliğini hissederler. Rahatlayabilmek için olası en küçük tehditten bile kaçınarak ya da her şeyi kontrol etmeye çalışarak normalin çok üstünde bir çaba harcarlar. Enerjilerinin büyük bölümü kaygı bozukluğunun bu yoğun telaşına gittiği için tahammülleri düşüktür, öfkeli, stresli insanlara dönüşürler.

Vedat ile Buse'nin karşımda oturma nedeni şiddetli geçimsizlikti. "Şiddetli geçimsizliği tanımlar mısınız," dedim. Buse, sanki yıllardır biri ona bu soruyu sorsun o da uzun uzun içini döksün ister bir hevesle anlatmaya başladı:

"Vedat çok sinirli bir adam. Kendisi de bunun farkında. Çift olarak geldik ama aslında eşimin öfke kontrolü sağlamasını istiyoruz. Yani en azından ben böylelikle büyük yol kat edeceğimizi düşünüyorum. Sürekli gergin, sürekli sinirli. Vedat'la evlilik, nerede olduğunu bilmediğin mayınlardan, bir patlama tehlikesinden kaçmak için nefesini tutarak parmak ucunda yaşamak gibi..."

Vedat Bey'in problemi öfke kontrol bozukluğu gibi ifade edilse de, öfkesinin altında yatan gerçek neden, onu öfkeli kılan anahtar durumdu. Vedat Bey yaygın kaygı bozukluğu yaşıyordu. Hayatın ters gideceğine dair durmadan konuşan bir iç sesi vardı. Ve bu iç ses onu o kadar yoruyordu ki, tahammülü ve iradesi yok denecek kadar azalmış hâldeydi.

Dünyaya ilk geldiğimizde içine doğduğumuz bu bilinmez ortamı ebeveynlerimizin gözünden okuruz. Eğer anne-babamız kaygılıysa, yaşama kaygılı bakmaya başlarız. Anne-babamız aşırı korumacıysa, dünyanın sürekli kendisinden korunmamız gereken bir tehdit alanı olduğunu öğreniriz. Anne-babamız fiziksel ya da psikolojik olarak bize zarar veriyorsa, dünyanın can acıtan bir yer olduğu inancı geliştiririz. Tüm bu çocukluk yaşantıları kaygıyı besler, besler, besler ve nihayetinde yönetilmesi zor bir kişilik örüntüsüne dönüştürür.

Kaygılı bir eşle yaşamanın ilk kuralı, onu anlamaktır. Anlamak, hak vermek demek değildir. Hissettiği duygu için onu suçlamamak demektir. "Bu olay seni çok kaygılandırmış... Anlıyorum, şöyle yapsak nasıl olur?" gibi yumuşak cümleler, kaygılı bir eşle işbirliği yapabilmenin ilk adımını oluşturur.

Eşimizin kaygı alanlarını fark etmek yine bizim için süreci kolaylaştırabilir.

Her şeyin ters gideceğine, başına kötü bir şey geleceğine dair yaygın bir kaygı bozukluğu mu var? O zaman hayatımızda iyi giden şeyleri konuşarak, fark ettirerek zihnindeki kaygılı algıyı azaltması için destek olabiliriz. "Trafiğe takılıp bayağı yorulduk ama pikniğe gittiğimize değdi, ne kadar güzel vakit geçirdik öyle değil mi?" gibi.

Kaygılı insanlar aşırı rahat insanlardan rahatsızlık duyarlar ve çevrelerinde onlar varsa daha da çok kaygılanırlar. Eşimizin herhangi bir konuda kaygı yaşadığını gördüğümüzde, o konuyla ilgili tedbir davranışlarında bulunmak eşimizin kaygısını düşürebilir.

Nazan Hanım Covid-19 pandemisi döneminde yoğun bir kaygı bozukluğu yaşamaya başlamıştı. Neredeyse her dakika elini yıkamaya, eşine ve çocuğuna dezenfektan sıkmaya dair yönetemediği bir içsel itkisi vardı. Eşi Mustafa Bey ise duruma tam tersi, "Aman ne gerek var bunlara? Yakalansak ne olur, gelir geçer." rahatlığında yaklaşıyor, dış ortamlarda maske dahi takmayarak tedbirsiz davranıyordu. Eşinin bu 'aşırı rahat ve tedbirsiz' davranışları Nazan Hanım'ın kaygısını daha da artırıyordu. Evliliklerinde ciddi kavgalara ve çatışmalara sebep olan bu durumu çalışırken ilk olarak bir 'referans noktası' belirledik. Şu soruyu sorup cevabını arayarak işe başladık: "Pandemi sürecinde kararında ve doğru tedbir davranışları neler olmalı?" Seanslarımızda Mustafa Bey ve Nazan Hanım'la kendi yaşam akışları içinde nasıl itidalli tedbirler alabileceklerini tartıştık ve bir liste oluşturduk. Seansımızın ev ödevi, her ikisinin de bu listeye uymasıydı. Mustafa Bey'in tedbir davranışlarını artırması Nazan Hanım'da süregelen kaygıyı daha ilk seanslardan görünür bir biçimde azaltmaya başladı. Nazan Hanım artık eşi tarafından anlaşıldığını düşünüyordu, artık kaygılanacak daha az şeyi kalmıştı...

Kaygılı bir eşe yardımcı olmak için güven alanı oluşturmak, onu anlayıp destek olmak, kaygı alanlarını zorlamamak gibi maddeler sayılabilir. Bununla birlikte eşimize yardımcı olmanın bizim temel sorumluluğumuz olmadığını bilmek de önemlidir. Zira biz eşimizin annesi ya da babası değiliz ve eşimiz de küçük bir çocuk değil. Elbette her karı koca zorlandıkları zamanlar için birbirlerine destek olabilirler ve fakat bu destek *zorunluluk* değil *gönüllülük* esaslı olmalıdır.

Kaygılı bir eş –eğer kendi duygusal sınırlarımızı çizmezsek– bizi derin bir kaygı girdabına çekebilir. Bu bağlamda kendimizi ortamdaki aşırı kaygıdan koruyabilmek psikolojik sağlığımız için önemlidir. Duygusal sınırlarımızı çizebilmenin en önemli adımı, *kişiselleştirmemek* olacaktır. Kaygılı eşimizin evhamları, tahammülsüzlükleri, olumsuz algıları ya da telaşları bizimle ilgili değildir. Kendi iç dünyasıyla ilgilidir. Eşimiz her ne kadar zaman zaman kendi kaygı dolu dünyasını bizim üzerimizden dillendiriyor olsa da ("Senin yüzünden bu başımıza geldi," vs. gibi) bu onun dünyasıdır, onun hayata bakış açısıdır. Biz kendimizin ayrı bir birey olduğumuzun farkındalığıyla ilişkide yer alıyor ve eşimizin kaygısını içselleştirme yanılgısından uzak duruyorsak süreci yeterince iyi yönetiyoruzdur. ("Kaygılısın, görüyorum, ama bu olayın benimle bir ilgisi olduğunu düşünmüyorum..." gibi.)

Aşırı kaygı içsel mekanizmayı o kadar yorar ki, kaygılı insanlar bazen yorgunluklarını depresif bir hâlde deneyimlerler. Kaygılı/depresif insanların yaşam enerjileri düşük, genel auraları negatiftir. Eğer kaygılı/depresif bir eşimiz varsa, kendi yaşam enerjimizi besleyecek farklı alanlar bulmamız gerekir. Nitekim bize düşen kendi hayat bağlarımızı güçlü tutmaktır.

Kaygılı bir eş iyi bir dert ortağı değildir. Zaten dünyanın olumsuz tarafını seçmeye programlı birine dertten kederden bahsetmek iyi bir fikir de değildir. Bu nedenle, kaygılı bir eşimiz varsa onun yapabilirliklerini ve yapamayacaklarını iyi bilmemiz, onunla karşılayamayacağımız duygusal ihtiyaçlarımızı karşılayacak başka alanlar oluşturmamız önemlidir.

Kaygılı bir eşle nasıl yaşanır?

- Eşinizi anladığınızı ona hissettirin. Duygularını küçümsemeyin, gereksizmiş gibi davranmayın.
- Kaygı duyduğu alanlarda boş vermiş davranmayın, ortak tedbirler belirleyip o tedbirlere uymaya çalışın.
- Tahammülsüz ve öfkeli olduğu zamanlarda sakinleşmesi için alan açın.
- Cümlelerini kişiselleştirmeyin, konu sizinle ilgili değil. Onun iç dünyasıyla ilgili, bunu unutmayın.

2. Narsist Bir Eşle Yaşamak

Hakan haftanın her günü spora gider. Bedeni her zaman düzgün ve bakımlıdır. Beden güzelliğine o kadar zaman, para ve enerji harcar ki, dışarıdan bakan biri onu bekâr zannedebilir. Zira sanki hiç eve gitmiyor, gittiğinde ise eşinin söylenmelerine, "Tabii ki kendime zaman ayıracağım." şeklinde cevap vermeyi doğal bir hakkı olarak görüyor gibidir.

Doktor olan Buse, kendisinin eşi için bir lütuf olduğundan bahseder. Şu dünyadaki en önemli, en kutsal, en gerekli, en akıl ve zekâ gerektiren işi yaptığını hem düşünür hem de sürekli dile getirir.

Merve huzursuz, agresif, kırıcı davranışları olan bir kadındır. Kendisine hırçınlığı yüzünden karşılık verildiğinde ise çok şaşırır. Ne de olsa, konu ne olursa olsun ortaya koyduğu tüm davranışlarda o yüzde yüz haklıdır! Ortada bir suç varsa, muhakkak karşı tarafın suçudur!

Tüm bu hikâyelerin ortak bir teması var: *Narsisizm...*

Narsisizm bir spektrum hastalığıdır. Aslına bakarsanız az ya da çok hepimiz narsistik özellikler taşırız. Kendi iç dünyamızı en iyi bilir, kendi algımızdan hayata bakar, yaşadığımız olaylar karşısında en çok kendimizi haklı görürüz. Bir yönümüz bu denli benmerkezciyken, bizleri narsisizm spektrumunda uçlara götürmeyen kalkanımız ise *empati* yapabilme kabiliyetimizdir. Nitekim narsistler için empati mümkün değildir.

Benim eşim narsist mi?

1. Kendisinin önemine dair büyüklenmeci bir duyguya sahipse,
2. Sınırsız başarı, güç, zekâ, güzellik veya ideal sevgi fantezileriyle meşgul oluyorsa,

3. "Özel" olduğuna ve ancak özel veya üst düzey insanlar tarafından anlaşılabileceğine, onlarla ilişkide bulunması gerektiğine inanıyorsa,
4. Aşırı hayranlık bekliyorsa,
5. Hak sahibi olduğuna inanıyorsa, özellikle ayrıcalıklı muamele görmek istiyorsa veya beklentilerine otomatik olarak uyum gösterileceğine dair makul olmayan beklentilere sahipse,
6. Kişilerarası ilişkilerde sömürücü davranıyor ve amaçlarına ulaşmak için insanları kullanıyorsa,
7. Empatiden yoksunsa ve diğerlerinin duygularını ve gereksinimlerini kabullenmekte veya paylaşmakta gönülsüzlük içindeyse,
8. Diğerlerine haset duyuyor veya diğerlerinin ona haset duyduklarına inanıyorsa,
9. Kibirli ve küstah davranış veya tutumlar sergiliyorsa, narsistik bir eşiniz var demektir.

Bir narsisti ışıltılı, özgüvenli, kendinden emin tavrından tanırsınız. Dıştan bakınca o kadar parlak görünürler ki, âdeta güneş gibidirler. Zaten öyle olduklarını da düşünürler. Narsistlerin diğer insanlarla olan ilişkisi güneş ve etrafında dönen gezegenler gibidir. Hayatın merkezinde onlar vardır. Her şey onlarla ilgilidir. Diğer insanlar ise onların hayatına uyum sağlamalı ve hayatlarında böyle bir insan olduğu için minnet duymalıdırlar.

Kenan yıllardır âdeta kan kustuğu, büyük psikolojik sıkıntı yaşadığı işinden istifa etmeye zar zor güç bulmuştu. Artık bu işi yürütmek istemiyordu zira bıçak kemiğe dayanmıştı. Henüz başka bir işe dair kesinleşmiş bir planı da yoktu ama istifa ettiği an sanki üzerinden on tonluk bir yük kalkmış gibi hissetmişti. İçinde bir yükten kurtulmuş olmanın verdiği rahatlama ve geleceğe dair umutla eve dönüp eşine olan biteni anlattığında eşi çok öfkelendi ve şöyle dedi: "Bunu bana nasıl yaparsın?!"

Narsist bir eşle yaşamak zordur çünkü her şey, her zaman onunla ilgilidir. Kendi hayatı için bir karar alan Kenan'ın karşılaştığı tavır bunu açıkça göstermektedir. Narsist eş şöyle düşünür: "Ne kadar zorlanırsa zorlansın, benim refahım için o işte çalışması gerekiyorsa konu kapanmıştır!"

Bir narsistin yanında yaşamak, hata yapma lüksüne hiç sahip olmamak anlamına gelir. Ayrıca 'hata' derken toplumsal genel geçer kabullerden değil, narsist kişiye göre hata olan davranışlardan bahsetmekteyiz çünkü bir narsistin dünyasında doğru ya da yanlışı belirleyen şey toplum, din ya da kanunlar olamaz. Narsist, doğruyu da yanlışı da en iyi kendisi bilir ve uygular. Etrafındaki herkesin de onun kanunlarına uymasını bekler. Suça meyilli olan narsistik kişilerin ifadelerinde o suçu işlemeye kesinlikle hakları olduğu yönünde beyanlar vardır. Ayrıca onlar –kendilerine göre– ayrıcalıklı, toplumun şansı olan kişilerdir. Nasıl olur da sıradan insan için işleyen kanunlar onlar için de işleyecektir? Bu, göz göre göre hataya düşmek olur!

Psikoloji seanslarında bir narsisti ilk ele veren işaretler, seans saatlerini umursamamalarıdır. Narsistler o kadar özel kişilerdir ki (!), seanslarına sıradan insanlar gibi uymak zorunda hissetmezler. Seansa geç gelip bitiş süresini aşmak için yoğun gayret gösterirler. Ya da normalde günler öncesinden randevu almak gerekiyorken aynı gün içinde randevu ayarlamak için baskı oluşturabilirler.

Evlilik, karşılıklı anlayış üzerine inşa olan bir kurumdur. Nitekim insanın en önemli psikolojik ihtiyaçlarından biri *anlaşılmaktır.* Bazen karşımızdaki kişiye hak vermeyiz ya da onun düşüncesini doğru bulmayız. Ve fakat böylesi durumlarda dahi onu anladığımızı göstermek ve hissettirmek doğru iletişimin olmazsa olmaz ilk adımıdır. Lakin bir narsistle yaşıyorsak anlaşılmak ve hak verilmek pek mümkün değildir. Zira narsistler empati yapma becerileri olmayan kişilerdir.

Narsisizmin temeline baktığımızda henüz bebeklik ve çocukluk yıllarında var olan büyük bir duygusal ebeveynlik boşluğu karşımıza çıkar. Ebeveyn soğuk, mesafeli, bencil, yıkıcı ve en önemlisi çocuğunu sahip olduğu bir nesne gibi kullanan kişilik örüntüsü içindedir. Yani ebeveyn narsistik bir tutum içinde olduğunda çocuğu da bir narsistin uzantısı olarak büyüyecek ve narsistik spektrumda uçlarda olmayı öğrenecektir. Böylesi bir ortamda büyüyen çocukların içselleştirilmiş ideal ebeveyn imgeleri vardır. Ebeveynleri toz kondurulmaz seviyede idealdir, kusursuzdur, hatasızdır. Nitekim narsistik ebeveyn onca duygusal boşluğuna rağmen kendini idealize ettiği bir sistem ortaya koymaktadır. Çocuk bu sistemin mağduru olmamak için sistemi içselleştirir. Nihayetinde kendi egosunu idealize ettiği narsistik bir girdabın içine düşer.

Bazen ebeveyn aşırı öven, pohpohlayan, yücelten bir yapıdadır. Çocuk kural tanımazlığı ve sınırsızlığı, 'ağam/paşam' diye büyütüldüğü ev ortamında öğrenir. Bu ortam çocuk için öyle toksiktir ki, çocuk kendi benliğini dünyanın merkezine oturttuğu bir ego durumunda zehirlenmeye başlar.

Dış kabuğu katı ve katmanlı olan insanların içleri bir o kadar kırılgandır. Narsistler için de durum böyledir. Dışarıdan parlak ve özgüvenli görünseler de hayatın en ufak zorluğunda dağılıp gidebilecek kadar zayıf bir ego durumuna sahiptirler. Bu nedenle zorluklarla baş edebilmek için onları dönüştürürler. Çarpık algılarıyla olayları mantığa büründürürler, kendilerini ayakta tutacak sebeplere sıkı sıkıya sarılmayı seçerler. Olumsuzluğu dışsallaştırarak kendi ego sistemlerini sürekli aklamaya çalışırlar. "Onun yüzünden bu hâldeyiz", "Tüm suçlu sensin", "Sen böyle olmasaydın bu işler olmazdı", klasik narsist cümleleridir.

Narsisizmin iki temel döngüsü vardır: *'İdealleştirme ve değersizleştirme'*

Narsist kişi ona ne kadar harika, mükemmel, kusursuz (!) olduğunu hissettiren yakınlarını idealleştirir. Onları över ve onaylar... Ta ki kendisiyle zıt fikre düştükleri ya da kendisini eleştirdikleri ana kadar. İşte o zaman az önce göklere çıkardığı kişiyi yerin dibine sokmaya başlar. Sanki o kişiyi öven kendisi değilmiş gibi yıkıcı sövme davranışında bulunur. İşte bu, narsisizmin klasik övme/sövme döngüsüdür.

Narsist bir eşten şu cümleleri duyabilirsiniz:

- "Tabii ki benim dediğim gibi olacak! Başka türlü nasıl olabilir ki?"
- "Azıcık rahat bırak da eve geldiğimde televizyon izleyeyim, çocuklarla sen oyna."
- "Çocuk hastaysa götür doktora! Bana dokunma."
- "Cinsel hayatımız kötü de ne demek? Ben tatmin oluyorum ya!"
- "Elbette benim aileme gideceğiz! Seninkine neden gidelim ki?"

Melike, Adnan'ı ilk gördüğünde onun kendine güvenli, ayakları yere basan tavrından nasıl da etkilendiğini fark etmişti. Yaşadığı travmatik çocukluk yılları kolunu kanadını o kadar kırmıştı ki, kendine güveni yok denecek kadar azdı. Bu nedenle Adnan'ın özgüvenli hâli onun bu eksik yanını tamamlıyor gibi hissetmişti. Adnan, ilk tanıştıkları dönemde Melike'ye sürekli iltifatlar eden, onun yeteneklerini yücelten, öven tam bir beyefendi gibiydi. Melike, kendisinin bile farkında olmadığı yönlerini bulup çıkaran, onu değerli kılan bu tavra kısa sürede âşık olmuş, bu tutkulu bağlanma evlilikle taçlanmıştı. Adnan'ın bu yücelten tavrı evlilikten sonra adım adım sönmeye başladı. Bir süre sonra evliliklerinin formu karı koca ilişkisinden çok köle-sahip ilişkisine dönüştü. Her ikisi de çalışıyor olmasına rağmen Adnan eve gelince yorulduğunu söylüyor, dört dörtlük hizmet bekliyor, olmadığında Melike'yi beceriksizlikle suçlamaya başlıyordu. Hakaretler ve aşağılamalarla geçen yıllardan sonra Melike tekrar alışık olduğu özgüvensiz şemaya teslim oldu. Adnan'ın ne kadar harika bir eş olduğu ve kendisinin ona layık olmadığı inancını geliştirmeye başladı. Bu inanç depresif bir hâl alınca, Melike bir danışmana gitmeye karar verdi. İşte narsist bir eşle evli olduğunu anladığı an, o zamandı.

Narsisizm iki temel boyutta karşımıza çıkar: *'Büyüklenmeci Narsistler ve Kırılgan Narsistler'*

Büyüklenmeci narsistler kendi iç dünyalarının yansıması olan tanımıyla, "Küçük dağları ben yarattım", "Şampiyon belli, ikinci kim", inancı taşıyan kişilerdir. Onlar hatasız, kusursuz ve olabildiğince mükemmeldirler. Öyle olduklarına sonuna kadar inanırlar. Bunun aksini söyleyen, hissettiren herhangi bir olay ve kişiye karşı saldırganca atağa geçebilirler.

Eşim büyüklenmeci bir narsist mi?

- Büyüklenmeci narsistler;
- Grandiyozite (Gerçek dışı güçlere, yeteneklere, spirütüel güçlere sahip olduğu inancı),
- Teşhircilik,
- Hak görme,
- Küstahlık,
- Haset,
- Dikkat çekme arzusu,
- Aşırı talepkârlık,
- Diğerlerinin ihtiyaçlarını görmeme,
- Kaygı düzeyinin normalden düşük olması/aşırı rahatlık gibi özellikler taşırlar.

Eğer eşimiz büyüklenmeci bir narsistse dünyanın merkezinde onun olduğunu bilmemiz gerekir. Böyle bir eşle geçinmenin yolu ona istediğini vermek, istediği cümlelerle iletişime geçmektir: "Ne kadar doğru düşündün. Çok haklısın. Sen harika bir eşsin/ebeveynsin..." gibi.

Tabii bu eşimizin her dediğini onaylayalım, onun dediği gibi davranalım demek değildir. Ve fakat eleştirel bir dille bir narsiste yön veremeyeceğimiz anlamına gelmektedir. Narsist eşimize ne kadar onaylayıcı yaklaşırsak, bizi o denli tek kişilik dev ekibinin parçası olarak görecektir. Böylece bizi övmeye, onore etmeye devam edecek ve işbirliğine daha yatkın olacaktır.

Kırılgan narsistler ise, içten içe kendilerine dair kusursuzluk şemaları olan fakat dış kabukları büyüklenmeci narsistler gibi saldırgan ve özgüvenli olmayan kişilerdir. Reddedilme, eleştirilme ya da aşağılanma gibi durumlarda iç dünyalarında derin bir utanç hissederler. Bu nedenle bu durumlara düşmemek için aşırı tevazu sahibi bir portre çizmeye meyilli olurlar. Cüneyd-i Bağdadi Hazretlerinin buyurduğu, "Aşırı tevazu kibirdendir." düsturu bize tam da kırılgan narsistleri işaret eder gibidir. Nitekim her şeyin aşırısında olduğu gibi tevazuunun da aşırısı bir şeyleri perdeleme aracıdır. Ve perdelenmeye çalışılan o şey kişinin kendi egosuna yüklediği büyüklenmeci bir değerdir.

Eşim kırılgan bir narsist mi?

Kırılgan narsistler;

- Aşırı alçak gönüllülük,
- Eleştiriye hassasiyet,
- Yüksek kaygı düzeyi,
- Çekingenlik,
- Devamlı stres altında olma,
- Acı çektiğini düşünme,
- Diğerleri ile kurulan yakın ilişkilerde fark edilebilecek kendilikleriyle ilgili büyüklenmeci beklentiler gibi özellikler taşır

Eşimiz kırılgan bir narsistse, onun kırılgan yönünü artıracak davranışlardan olabildiğince uzak durmamız gerekir. Aşağılama, eleştirme, dışlama, küsme gibi duygusal tehditlerden uzak durduğumuz, açık iletişime geçtiğimiz, eleştiri yapacağımız zaman bu eleştirinin onun kişiliğine değil davranışa olduğunu vurguladığımız bir dil kalıbı işimize yarayacaktır.

Bir narsistle yaşamanın en temel kurallarından biri ise kendimizi ilişkinin kölesi ya da bağımlısı yapmayacak kadar ideal bir mesafede durmaktır. Bir narsist, her şey onun dediği gibi olsun ister, olmadığı durumlarda ise huzursuzluk çıkararak saldırıya geçer. Eğer sırf huzursuzluk çıkmasın diye narsist eşimizin her dediğini yapmaya başlarsak, bir zaman sonra kendimizi kaybettiğimiz bir duygusal çöküntüye düşeriz. Bu nedenle eşimizin bizim için anlamlı isteklerini karşılarken bize ters gelen konularda –velev ki huzursuzluk yaşanıyor olsa da– kendimizi ortaya koymak bireysel sağlığımız için oldukça önemlidir.

Bir narsistle nasıl yaşanır?

- Onu olabildiğince övün, takdir edin.
- Duygusal olarak cezalandırmaya çalışmayın (Uzaklaşmak, küsmek, aşağılamak vs.)
- Kendi kararlarınızı ortaya koyarken işbirlikçi bir dil kullanın ("Senin de böyle isteyeceğini düşünerek bu kararı verdim," gibi)
- İlişkinin efendi-köle ilişkisine dönmesine fırsat vermeyin. Anlayışlı ve onaylayıcı olun ama aşırı verici bir kurban rolüne girmeyin.
- Yaşamsal damarınızı evliliğinize bağlı kılmayın, kendinize nefes alanları oluşturacak, sizi hayata karşı motive edecek faaliyetlerde bulunun.
- Bir narsistle hayatı paylaşmak kolay değildir, kendinizi tebrik edin.

3. Depresif Bir Eşle Yaşamak

Hakan işten eve neredeyse her gün moralsiz geliyor. İşinde yeterince başarılı olamadığından, kovulacağından, iş arkadaşları gibi işleri kolayca halledemediğinden bitmeyen yakınmaları var.

Melda, eşi Yavuz'un seyahat, arkadaş buluşması, hafta sonu gezintisi tekliflerinden hiç hoşlanmıyor. Eğer onu zorlayan birileri olmasa sürekli evde oturabilir, mecburi işlerini hızlıca bitirip günü televizyonun başında geçirebilir.

Sena, sürekli uyumak istiyor. Akşam erken yattığı ve gündüzleri öğlene doğru uyandığı hâlde uykusunu alamamaktan şikâyetçi. Eşi ise Sena'nın yaşam enerjisinin olmadığını düşünüyor.

Süleyman her gün muhakkak haber bültenlerini izliyor. Dünyanın dört bir tarafındaki kötü haberleri, kötüye giden iklim şartlarını, savaşları vs. sebep göstererek mutlu olmayı kendine yasaklamış gibi görünüyor: "Orada insanlar ölürken biz tatile mi gidelim?!" tarzı cümleler kurma konusunda ustalaşmış durumda. Üstelik gerçekten can sıkıcı bir olay yaşanmadığı zamanlarda dahi, "Peygamberimiz (s.a.v.) çok ağlar, az gülermiş. Tatil, seyahat, eğlence gibi şeyler Müslümana göre değil!" diyerek hayatın tüm güzel yanlarıyla arasına kalın duvarlar örmeye devam ediyor.

Tüm bu hikâyelerin ortak özelliği, bu kişilerin bardağın boş tarafını itinayla gören birer *depresif kişilik* olmaları...

Depresyon, kişinin kendine, yaşadığı dünyaya ve geleceğe dair olumsuz yorumlar geliştirmesi sonucu ortaya çıkan klinik bir tablodur. "Ben başarısızım/güçsüzüm. Yaşadığım dünya tehlikeli ve kötü insanlarla dolu. Gelecekte her şey daha kötü olacak..." inanışları depresif insanların iç sesi gibidir. Depresyondaki kişi –yaşadığı depresyonun yoğunluğuna göre– yaşam enerjisini yitirebilir, yeme, uyku, konsantrasyon ve cinsel hayat bozuklukları yaşayabilir, günlük işlerini yapamaz, yataktan çıkamaz hâle gelebilir.

Depresif kişilik tanımı ise, depresyon kadar ağır bir tablo ortaya çıkarmamakla birlikte, genellikle *pesimizm* olarak tanımlanan kötümser, karamsar, yaşamın ve kendilerinin olumsuz taraflarını görmeye programlı insanlar için kullanılır.

Benim eşim depresif mi?

1. Konuşmasının geneli karamsar ve kötümser olaylardan besleniyorsa,
2. Olumsuz durumların düzeleceğine dair inancı düşükse ya da yoksa,
3. İştah, uyku, konsantrasyon ve cinsellik alanlarında düzensizlik ve sıkıntı yaşıyorsa,
4. Yaşam enerjisi görünür şekilde düşükse,
5. Anhedonik (keyif alamayan) bir yapısı varsa ve severek yaptığı şeyler yok denecek kadar azsa,
6. Harekete geçmekte sıkıntı yaşıyor ve çoğu zaman yaşam için enerji bulamıyorsa depresif bir eşiniz var demektir.

Depresif bir eşimiz varsa muhtemelen koltukta oturmaya, söylenmeye, bıkkın bir enerji vermeye programlı bir yaşamı paylaşıyoruz demektir. Depresyon tedavisinde literatüre büyük katkı sağlayan bilim insanı Aaron T. Beck, depresif insanların üç temel özelliği olduğundan bahseder. Depresif insanlar basitçe 'karamsar insanlar' değillerdir, onların karamsarlığını besleyen derin bir inanç sistemi vardır. Bu inanç sistemi, kendilerinin, dünyanın ve geleceğin karanlık yüzünü sürekli olarak fısıldayan kötü bir haber kanalı gibi iş görür. Bu nedenle depresif insanlar yılgın, umutsuz ve kötücüldürler. Ve bu hâlin düzelebileceğine dair inançları yok gibidir.

Nurşen –ismi gibi– şen şakrak bir kadındı. Sosyal hayatı seven, yaşam enerjisi yüksek, esprili, muhabbet ehli bir yapısı vardı. Eşi Levent ise Nurşen'in tam tersi tavırları olan bir adamdı. "Kadın kısmı evde oturur." der ve Nurşen'in gezmesinin, arkadaşlarıyla buluşmasının, sosyalleşmesinin önüne geçerdi. Nurşen, "Beraber gezelim, eşimizi dostumuzu ziyarete gidelim." dediğinde ise "N'apcaz gezip, otur oturduğun yerde." derdi. Sadece gezmek, eğlenmek değil, Levent'in eşiyle evde oturup sohbet etmeye de gönlü yoktu. İşten eve gelir, üzerini değişir, yemek ve tuvalet dışında neredeyse hiçbir şey için televizyonun karşısındaki koltuktan kalkmazdı. Nurşen onu tanımlarken, "Koca değil sanki köşe minderi." diyordu. Ve soruyordu: *"Madem çift olmayı bilmiyorsun, benimle neden evlendin?"*

Depresif bir eşten şu cümleleri duyabilirsiniz:

- "Yaşamanın ne anlamı var ki? Geldik gidiyoruz işte..."
- "Sen de beni sevmiyorsun, hoş, neyimi sevesin ki zaten."
- "İş, ev, çocuklar... Bana çok fazla, enerjim yok."
- "Cinsellik olmasa da olur. Hatta olmazsa daha iyi bence."
- "Tatile gitmeye falan gerek yok, evde oturur televizyon izleriz, yeter bize."

Levent gibi insanlar evlenirken genellikle kendilerinin tam zıddı, enerjik, konuşkan, sosyal kişileri bulurlar çünkü eksik yanlarını tamamlayacak olan budur, öyle görürler. Fakat eşinizin enerjik olması, eğer ona uyum sağlamazsanız, sizi enerjik bir insana çevirmez. Bilakis enerjiniz olmayan konularda eşiniz tarafından zorlanmak zaman içinde sizi zorlayan bir cendereye dönüşebilir. Depresif insanlar için durum tam da böyle olur. Her şeyin kötüye gideceğine olan inançları onları yanlış eş seçmeye, evliliğin içinde bunalmaya ve içten içe, "İşte evliliğim de kötüye gidiyor, diğer her şey gibi..." şeması oluşturmaya sürükler.

Depresif bozukluğun hem çevreye hem de genetiğe bakan boyutları vardır. Kan bağı olan yakınlarımızda depresyon olması bizi genetik olarak depresyona yatkın kılar. Nitekim depresyon yaşayan kişilerin serotonin, noradrenalin gibi hormonal salınım süreçlerinde düzensizlikler olduğu tespit edilmiştir. Bu hormonal düzensizlikler genetik olarak aktarılan bozukluklar oluşturur.

Sürecin çevresel boyutu ise *öğrenme* ile ilgilidir. İçinde depresif bir ebeveynin olduğu bir evde büyümek depresif davranışları gözlemlemek, öğrenmek ve içselleştirmek anlamına gelir. İçine doğduğumuz evin havası yetişkinlik yıllarımızın atmosferini oluşturur. Depresif bir havayı yıllar boyu teneffüs etmek onu normalleştirip gökyüzü sanmamıza neden olacaktır. Karanlık, bulutlu, yağışlı bir gökyüzü...

Bununla birlikte ebeveynlerimizden biri ya da her ikisi depresifse ihmal edilmiş olmamız da yüksek ihtimal hâline gelir. Zira depresif ebeveyn enerjisi düşük bir bakım verendir. Karamsar, huzursuz ve pesimisttir. Tüm bu duygu durumları içerisinde bakım vereceği bebeği bazen enerjisizlikten bazen de içine düştüğü umutsuzluk girdabının negatif etkilerinden ihmal etmesi olasıdır.

Nehir'in, anneliğini iyileştirmek için aldığı danışmanlık seanslarının yolu daha ilk seanslarda kendi çocukluğuna çıkmıştı. "Nasıl bir anne-kız ilişkiniz vardı?" sorusunun cevabını verirken derin derin iç çekiyordu Nehir...

"Annemle ilişkim... Bunun adına 'ilişki' denir mi bilmiyorum. Annem vardı, hayattaydı ama yok gibiydi. Hayalet gibi evi toplar, yemek yapar ve uyurdu. Sanki ölmüştü ama gömülmemişti. Hiçbir zaman beslenmemi hazırlamadı, saçımı taramadı, okul yakalığımı diğer anneler gibi kolalamadı. Annemin yanındaydım ama öksüz bir çocuktan çok da farkım yoktu..."

Depresif bir ebeveynle büyümek, varlığın içindeki yokluğu yaşamak gibidir. Anne/baba vardır ama yok gibidirler. Yaşadığı ağır depresyonu atlattıktan sonra geriye dönük pişmanlıklarını anlatan bir danışanımın şu sözlerini hiç unutmam: *"Bebeği yanında ağlamaktan çatlarken, hem de bebek hemen yanı başında yatarken elini kaldırıp onu kucaklamaya mecal bulamayan bir anne düşünün. İşte o benim..."*

Depresif bir eşle yaşamanın ilk kuralı, onu içinde bulunduğu duygu durumuna dair suçlamamaktır. "Hep böylesin!", "Azıcık kalk da silkelen, yeter be!", "Ölmüşsün de ağlayanın yok." gibi cümleler depresif insanları daha da depresif bir ruh durumuna sokar. Bardağın zaten boş olan kısmını iyiden iyiye boşalmış görmelerine neden olur. Depresif eşimize ve onunla yaşayan kendimize en büyük yardımımız bardağın dolu tarafını fark ettirmeye yönelik bir dil kalıbı benimsemek olur:

"Yorgun olduğunu görüyorum, yine de karı koca beraber yürüyüş yapmak ikimize de iyi gelebilir."

"Bugün yüzünde farklı bir ışıltı var sanki, neler iyi geçti bugün anlatsana..."

"Seninle oturup film izlemeyi çok seviyorum. Ne dersin mısır patlatıp geleyim mi?"

"Seninle durulmak çok güzel. Hayatımda sen olmasaydın oradan oraya koşuşup çok yorardım kendimi. Sen benim durgun suyum gibisin..."

Depresif eşi tutup dışarı çıkarmak, kabuğunun dışına davet etmek zordur. Depresif insanlar çoğu zaman kendi alanlarının içinde kendi kendilerine durmayı seçerler. Bu nedenle depresif bir eşimiz varsa illaki onu alanından çıkarmak değil, o alana arada bir dahil olmaya gayret etmek eş olarak keyif alanlarımızı artıracaktır. Beraber sarılıp uyumak, beraber uzanmak, beraber televizyon izlemek, hatta bazen kötü giden şeylere beraberce dertlenmek ortak alanlarımızı yavaş yavaş inşa eder.

Yalnız burada dikkat etmemiz gereken önemli bir nokta vardır. Eşimizin alanlarına ortak olmak demek onun depresyon girdabına düşmek demek değildir. Eşimiz depresif hâli nedeniyle sosyalleşmek istemiyor olabilir. Biz de buna saygı duyarız, fakat saygı duymak kendi sosyalliğimizden vazgeçeceğimiz anlamına gelmez. Depresif eş onu bırakıp dışarı çıkacağımız için söylenebilir, evde huzursuzluk çıkabilir. Hatta o böyle kötü bir hâldeyken (!) yanında olmadığımız için bize kendimizi suçlu hissettirebilir. Lakin sağlıklı bir psikoloji için sosyal hayatımızı sürdürmemiz, kendimize alan açmamız, yaşam sevincimizi artıracak aktiviteler yapmamız şarttır. Bu nedenle eşimizin duygu durumuna anlayışlı olurken kendi duygularımızı ve isteklerimizi unutmamak, bireysel alanımızı ve eş alanımızı denge içinde yönetebilmek önemlidir.

Depresif bir eşle nasıl yaşanır?

- Onu eleştirmekten, suçlamaktan uzak durun.
- Bardağın dolu tarafını fark ettirecek bir dil kalıbı kullanın.
- Cinsel hayatınızı aktif tutmaya gayret edin, ilk adımı eşinizden beklemeyin.
- Depresif ruh hâlini artıracak yayınlar, filmler, programlardan uzak durması için destek olun. Siz de izlemeyin.
- Onu kabuğundan çıkarmak için teşvik edici olun ama tahkir edici olmayın.
- Onun sevdiği şeyleri beraberce yapmaya gayret edin.
- Eşinize karşı empatik olun (onu anlayın) ama sempati yapmayın (ona benzemeyin).
- Kendi yaşam sınırlarınızı koruyacak, enerjinizi artıracak, sosyal hayatınızı destekleyecek bir çevre oluşturun.

4. Bağımlı Bir Eşle Yaşamak

İsmail'in internet üzerinden yürüttüğü bir işi var. Bilgisayarı/telefonu neredeyse, işi orada. Dolayısıyla bir mesaisi yok. Elinde sürekli telefonu var. Sorulduğunda çalıştığını söylüyor ama uyuduğu zamanlar dışında günün telefonundan uzak tek bir saati yok gibi...

Aliye sürekli alışveriş yapıyor. Bu onun kendini iyi hissetmek, yaşadığını fark etmek, hayata olumlu bakmak için tek yolu gibi görünüyor. Kredi kartlarının limitleri dolalı çok olmuş, bankalara boyunu aşan borçları var.

Nihat'ın geçim sıkıntısı var. Çalıştığı iş onu tatmin etmiyor, ailesiyle sorunlar yaşıyor ve ay sonunu zar zor getiriyor. Kendini iyi hissettiği tek zaman ise arkadaş grubuyla online oyunları oynadığı zaman... Bu yüzden iş dışındaki neredeyse tüm vaktini online oyun oynayarak geçiriyor. Hatta dinlenme saatinden bile fedakârlık edip 3-4 saat uykuyla işe gittiği bir oyun süreci yaşıyor.

Tüm bu hikâyelerin ortak özelliği, *bağımlılık* motifleri...

Sonu –izm le biten her kavram bize bağımlılığı anlatır. Alkolizm, alışverişkolizm, işkolizm ve diğerleri bireyin baş edemediği başka durumlardan zihni uzak tutan sığınma alanlarıdır. Bağımlı kişi, psikolojik olarak güçsüz kişidir. Bu güçsüzlük onu bir şeylere kaçmaya, tutunmaya yönlendirir. Tutunduğu bu yeni alan onu daha da güçsüzleştirmeye başlar. Zira başlarda iyi hissettiren ve beynin ödül alanını aktive eden bu –izm alanı zaman içinde kişide, "Bu olmadan ben ne yaparım?" sorgusunu ortaya çıkarır. Kişi bir şeye bağımlı olduğunun farkına vardıkça güçsüz olduğuna dair inanç geliştirir. Bu inanç onu daha bağımlı ve güçsüz hâle getirir.

Benim eşim bağımlı mı?

1. Herhangi bir kişi veya durum için enerjisinin çoğunu harcıyorsa,
2. Bir kişi veya nesne olmadığında yaşayamayacağını düşünüyorsa,
3. İştah, uyku, konsantrasyon ve cinsellik alanlarında düzensizlik ve sıkıntı yaşıyorsa,
4. Yaşam enerjisi görünür şekilde düşükse,
5. Kendi kendine karar almakta ve kararlarını uygulamakta zorlanıyorsa,
6. Aşırı derecede dış referanslı ve onay almaya ihtiyaçlı görünüyorsa, bağımlı bir eşiniz var demektir.

Bağımlı bir eşle yaşamak çoğu zaman ikinci planda kalmak demektir. Özellikle teknoloji, madde, alkol gibi bağımlılıklar yaşayan kişilerin eşleri, "Eşim beni oyun konsoluyla aldatıyor gibi hissediyorum." tarzı cümleler kurarlar. Bu tespit doğrudur. Zira bağımlı kişilerin bağımlılık nesneleri hayatlarının yegâne vazgeçilmezleri gibidir.

Mehtap ve Şahin çift danışmanlığı için geldiklerinde, Mehtap, eşi Şahin'in oyun bağımlılığından uzun uzun dert yanmıştı. "Sanki 30 yaşında bir adamla değil de 13 yaşında bir ergenle evliyim gibi hissediyorum." diyordu. Şahin'in işten geldikten sonra oyun konsolunun başına oturması, yemek ve tuvalet dışında oradan kalkmaması, karı koca olarak ortak alanlarının olmaması, Mehtap, "Yeter artık kalk şu oyunun başından." diye söylendiğinde Şahin'in, "Bütün gün çalışıp yoruluyorum, azıcık rahat bırak da nefes alıp dinleneyim. Millet dışarı çıkar, arkadaşlarıyla buluşur! Bak ben işten çıkıp eve geliyorum, daha ne istiyorsun!" savunması evliliklerinin temel sorunsallarıydı.

Şahin evde, eşinin yanında olduğu konusunda 'bedenen' haklıydı ama 'ruhen' uzun süredir evde değildi. Şahin'in bağımlılık problemini çalışırken ilk adım olarak bağımlılığını azaltabilmesi konusunda güçlendirme alanı açtık. Haftanın 6 günü oyun oynayıp 1 günü bırakması konusunda anlaştık. O tek gün, 'aile günü' oldu. Eşiyle keyif aldığı alanlar arttıkça ve Şahin'in hayatındaki problemlerle baş etme becerisi geliştikçe oyun bağımlılığı yavaş yavaş azalarak yok oldu.

Bağımlı bir eşten şu cümleleri duyabilirsiniz:

- "Ne var canım kızacak! Azıcık bilgisayar oynuyorum şurada."
- "Bağımlı değilim ki, istediğimde bırakabilirim ama istemiyorum."
- "Şu hayatta tek bir zevkim var ona da dır dır edip duruyorsun."
- "Yaşamdaki tek keyfim bu anlar, rahat bırak beni!"

Bağımlılık, bir şey olmadan yapamama, ona tutsak olma hâlidir. Bu hâl sadece nesneler ve eylemlerle olmaz. Bağımlı kişiler bazen diğer kişilerin sevgisine, onayına ya da varlığına bağımlıdırlar. Bu bağlamda bağımlı bir eş sizin onayınızı almak için derin bir ihtiyaç hisseder. Yaptığı her hareketinde, "Sevdin mi, sence olmuş mu, beğendin mi" cümleleri fazlaca yer alır. En ufak eleştiride ya da onaylandığını hissedemediğinde depresif bir ruh hâline bürünebilir. Bu yönüyle bağımlı eşlerin kırılgan bir yönü vardır.

Bağımlılığın çocukluk yıllarında oluşum şekli genellikle hem genetik hem de çevresel etkenlerle açıklanır. Ailede bağımlılık hikâyesi olması, o ailede doğan çocuk için bir bağımlılık yatkınlığıdır. Bununla birlikte ebeveynler bazen çocuklarının duygu kotalarını boş bırakarak bağımlılığa yol açmaktadırlar. Yapılan araştırmalar, güvensiz bağlanma türleri ile bağımlı kişilik bozukluğu arasında anlamlı bir ilişki ortaya koymaktadır.

Bir anne-baba çocuğuna ne kadar duygusal mesafe koyarsa, o çocuk duygusal yakınlığa o denli aç olacaktır. İlişkilerinde kendisine sunulan duygu kırıntılarına bağımlılık geliştirme ihtiyacı o kadar artacaktır. Pek çok genç kızın mutsuz evliliklerini ifade ederken, "Babamdan hiç sevgi görmediğim için beni ilk sevdiğini düşündüğüm erkeğe kapılıp gittim." cümlesi bu durumu özetler gibidir.

Ailedeki duygusal mesafe çocuğun kanayan yarasını oluşturur. Kanayan bir yarayla büyüyen çocuk acıyı hissetmemek için kendini bağımlılıklarla uyuşturmaya yönelebilir. Madde ve alkol bağımlılığının kökeninde çoğu zaman duygusal mesafeli, ihmalkâr aileler vardır.

Bazı ailelerde ise sistem tam tersi işler. Aile çocuğuna o kadar düşkün (!), özverili ve vericidir ki, sınırsızca istediği her şeyi verir hâldedir. Bu sistem içindeki çocuğun sınırlanması gereken haz mekanizması âdeta devleşir. Dürtüselliği ve benmerkezciliği artar. Böylesi durumlarda da istediğini sürekli yapıyor olmak, özellikle madde ve teknolojiye dair bir alışkanlık bozukluğu oluşturur. İşte bu da bağımlılığın temelini inşa eder.

Bağımlı bir eşle yaşıyorsak ve onu tedavi olmaya ikna edemiyorsak, öncelikle onun bu durumunun bizim psikolojik sağlığımıza etkilerini iyice görmemiz ve sınır çizmemiz gerekir. Örneğin eşimiz teknoloji bağımlılığı yaşıyor ve ekran başından kalkmıyorsa, bu durumdan rahatsızlığımızı sürekli söylenerek değil, "Bu şekilde evliliğimiz yürümüyor, bir sorunun olduğunu düşünüyorum. Burada bir yol ayrımındayız, iyileşmek istiyorsan sana destek olmaya hazırım. Ama bana değil de bu oyun konsoluna dokunarak günlerini geçireceksen o hâlde ben de kendi hayatımı kurmak konusunda adım atacağım." gibi kararlı bir direniş gösterebiliriz. Ya da eşimiz madde bağımlılığı yaşıyor ve bize zarar vermeye eğilim gösteriyorsa, öncelikle kendimizi korumak adına resmi kurumlardan yardım ve destek talep edebiliriz.

Vera'nın eşi kumar bağımlısıydı. Ciddi miktarda para kaybediyor, her kaybında öfkesini eşinden ve çocuklarından çıkarıyordu. Vera bu durumdan şikâyet ettiğinde, "Ben kazanıyorum, ben harcıyorum, sana ne!" yanıtını alıyordu. Vera, bu durumda ne yapabileceği konusunda danışmanlık almaya başladığında psikolojik olarak çok yorgun bir hâldeydi. Yaralarını onardıkça güçlenen ruh sağlığı ile bir iş bulup çalışmaya başladı. Kendi kazandığı bütçeyi kendi iradesiyle yönetti ve eşinin zorba tavırları karşısında daha sağlam durmayı öğrendi. Aylar süren seansların sonunda eşinin karşısına geçip, "Ya tedavi olursun ya da ayrılırız!" diyen Vera'nın güçlü duruşu, eşini tedavi olmayı kabul etmek zorunda bıraktı. Böylece bir kadın, bir adam ve bir yuva sağlıklı bir ilişkiye doğru güzel adımlar attılar.

Bize bağımlı bir eşimiz varsa, ilişkinin başında bu durum bize hoş gelebilir. Her kararımızın uygulanması, her şeyin "Sen nasıl istersen..."

diye bize sorulması, terk edilme korkusu ile âdeta eteğimize yapışılması, ne yaparsak yapalım bize küs durulamaması egomuza iyi gelebilir. Fakat bize bağımlı bir eşle yaşamak her zaman *kurtarıcı* olma mecburiyetini de beraberinde getirecektir ve bu oldukça yorucu bir iştir. Bağımlı eş, ilişkinin sorumluluğunu alamayan ve kendini ortaya koyamayan eştir. Bu tarz ilişkilerde iki kişi yoktur, tek kişi ve ona adanmış müridi vardır. Böylesi bir ilişki önce minnete, sonra zillete dönüşmeye mahkûmdur.

Eşimizin ilişki, onay ya da sevgi bağımlılığı olduğunu düşünüyorsak öncelikle ona danışıp fikrini sorarak, onun fikirlerinin bizim için ne kadar önemli olduğunu hissettirerek kendine ve varlığına sahip çıkmasına destek olabiliriz. Bağımlı insanlar kendilerini kurtarılmaya muhtaç kurbanlar gibi hissetmeye yatkındırlar. Onu kurtarmayarak, her küçük ihtiyacında yardımına koşmayarak adım adım güçlenmesine alan açabiliriz. Böylece zaman içinde iki güçlü yetişkinin sağlıklı ilişkilerini deneyimlemenin mutluluğunu yakalamış oluruz.

Bağımlı bir eşle nasıl yaşanır?

- Bağımlılığı ve evliliği arasında karar vermesi konusunda kararlı bir tutum sergileyin.
- İyileşme sürecinde küçük adımları konusunda ona cesaret verin, destek olun. Zira hiçbir bağımlılık bir günde düzelmez.
- Bağımlılığı dışındaki hayatınızı geliştirin, birlikteliğinizden keyif almak adına adım atın.
- Eleştirici ve kırıcı bir dil kullanmayın, destek veren/teşvik eden bir dille yaklaşın.
- Kendinizi terk edilmiş, yalnız, çaresiz hissederseniz destek alın.
- Eşinizin hayatında 'kurtarıcı' olmayın, onu iyileştirmek gibi bir göreviniz yok. Ancak eşiniz iyileşmeyi seçerse bu yolda ona eşlik eden olduğunuzu unutmayın.
- Kendi yaşam sınırlarınızı koruyacak, enerjinizi artıracak, sosyal hayatınızı destekleyecek bir çevre oluşturun.

5. Öfkeli Bir Eşle Yaşamak

Sinan dağınıklığa hiç tahammül edemiyor. İşten eve geldiğinde yerlerde oyuncak gördüğünde, mutfak tezgâhını bulaşıklar ele geçirdiğinde ya da ütülenmemiş çamaşırlar sepetten boy gösterdiğinde çok öfkeleniyor ve eşine avaz avaz bağırıyor.

Hanife'nin eleştiriye hiç tahammülü yok. Özellikle anneliği konusunda. Eşi ne zaman çocuklarla ilgili, "Şu şöyle mi olsaydı acaba." diye fikir beyan etse Hanife kendini içinde bir volkan patlamış gibi hissediyor ve kızarak söylenmeye başlıyor.

Eda, eşi Murat'la dışarı çıkmaya korkar bir hâlde çünkü dışarıda yaşanabilecek en ufak bir terslikte Murat bağra çağıra olay çıkarıyor. Bu olay bazen trafikte biri kendini solladığında, bazen yanlış gelmiş bir sipariş için restoranda, hatta bazen safları fazla sık tuttukları için cami cemaatinde olabiliyor. Murat sanki kavgaya her an hazır gibi gözüküyor.

Bütün bu hikâyelerin tanıdık motifi, kahramanlarının *öfkesi...*

Öfke, diğer bütün duygular gibi yaşam sınırlarımızı korumak ve bizi hayatta tutmak için gerekli ve oldukça önemli bir duygudur. Engellendiğimizde, hakarete uğradığımızda, fiziksel ya da psikolojik şiddet gördüğümüzde, hakkımız yendiğinde doğal bir biçimde öfkeleniriz. 'Doğal bir biçimde' diyorum, zira böylesi durumlarda öfkelenmek değil, öfkelenmemek problemdir ve bize zarar verecek sonuçlar doğurabilir. 'Öfkeli' gördüğümüz (ya da böyle adlandırdığımız) insanlardaki sorun bir duygu olarak öfkeyi hissetmeleri değil, öfkeli davranışlarıyla çevrelerine (ya da kendilerine) zarar vermeleridir.

Öfke kontrol bozukluğu klinik bir rahatsızlıktır. Öfkeyi bir patolojiye çeviren bu rahatsızlığın normal öfkeden ayrılan kısmı, öfke duygusunu yıkıcı davranışlarla ortaya koyma itkisidir. Bu süreci yaşayan kişiler öfkelendikleri anda kontrol edemedikleri bir içgüdüyle kendilerine, diğer insanlara ya da eşyalara zarar verirler. Öfkeleri sakinleştiğinde ise derin pişmanlık ve üzüntü yaşarlar. Lakin kontrol edemedikleri bu öfke hâlinin sorumluluğunu almak o denli zor gelir ki, genellikle sorunu öfkelerini kontrol edemeyen kendilerinde değil, onları öfkelendiren diğerlerinde bulurlar. Onlara göre kendileri yapı olarak öfkelidir, bu onların kişiliğidir, o zaman çevrelerindeki herkes onları öfkelendirmeyecek şekilde hareket etmek zorundadır. Aksi takdirde verdiği zarardan kendisi değil, onu öfkelendirenler sorumlu olacaktır (!).

Benim eşim öfkeli mi?

1. Sık sık ve orantısız bir biçimde öfkeleniyorsa,
2. Öfke anında kalp atışı artıyor, yüzü kızarıyor, gerginliği her hâlinden belli oluyor, âdeta başka birine dönüşüyorsa,
3. Genel hâli aşırı stresli ve gerginse,
4. Kendisiyle, çevresiyle ve hayatla kavgalı tonda konuşuyor ve öyle davranıyorsa,
5. Öfkeliyken kendine, çevresine veya eşyalara zarar verme davranışı gösteriyorsa, öfke kontrol bozukluğu yaşayan

Öfkeli bir eşle yaşamak mayın tarlasında dolaşmak gibidir. Zira her an mayın patlayabilir, patlayan mayının verdiği hasar fazla olabilir.

Nedim, 33 yıllık evlilikleri boyunca eşi Yasemin'e ve üç çocuklarına defaatle şiddet uygulamış öfke kontrol bozukluğu yaşayan bir adamdı. Şiddete dönüşen yoğun öfkesine bazen dağınık bir odayı, bazen oynayan çocuklarının sesini, bazen çok ısınmış bir yemeği gösterirdi. 33 yılın sonunda Nedim kalp krizinden vefat ettiğinde ardında psikolojik sağlığı enkaza dönmüş bir eş bırakmıştı. Kendini toparlamak için danışmanlık almaya başlayan Yasemin kendisine en çok bunu söylüyordu: "Mayın tarlasından, hem de defalarca patlayarak, çıkmış gibiyim..."

Öfkeli bir eşimiz varsa ve öfkeli hâli şiddete dönüşüp bizi zarara uğratıyorsa, kendimize öncelikle bu evliliğin içinde kalıp kalmama isteğimizi sormamız gerekir. Bu önemli bir karardır. Nitekim şiddet olan bir ortamda hiçbir adım atmadan kalmak kişinin kendine yaptığı büyük bir ihanettir.

Öfkeli eşe hiçbir tepki vermeden, "Aman yeter ki öfkelenmesin." diye her istediğini yapmak öfkeli kişinin öfkesini pekiştirir. Zira yıkıcı öfke hâli işlevsellik kazanmış olur. Bu nedenle öfkeli eşimize davranışlarımız boyun eğici değil, bedenen ve duygusal olarak uzak durduğumuz bir formda olmalıdır. Ayrılmıyorsak dahi *ayrıştığımız* bir ilişki inşa ederek kendimizi korumak sağlıklı ilk adımımız olacaktır.

Öfke duygusu, kökenini çoğu zaman adalet duygusu sarsılmış hikâyelerden alır. Çocukluk yıllarında istismara, ihmale, sevgisizliğe uğramış, kabul görmemiş kişilerin iç dünyalarında dengeleyemedikleri yoğun öfkeleri vardır. "Şiddet gören şiddet gösterir." düsturundan hareketle, haksızlığa uğrayan kişilerin hayata dair hep alacaklı hissettiği bir öfke zemini oldukça olasıdır.

Öfkeli bir eşten şu cümleleri duyabilirsiniz:

- "Uyut şu çocuğu, sinirlendirme beni!"
- "Hele bir konuş bakalım neler oluyor!"
- "Erkek dediğin/Kadın dediğin böyle güçlü olacak."
- "Bak şalterlerim atıyor haa!"
- "Senin yüzünden vurdum sana, beni delirtme demiştim!"

Ebeveynlerimiz hayatımızın ilk *otoritesidir.* İlk otoriteyle çatışmalı bir ilişki inşa etmek, asıl otoritemiz olan Rabbimizle kurduğumuz ilişki formunu da çatışmalı kılar. Rabbe öfkeli olmak demek, başına gelen olayları, "Neden ben" formunda sorgulamak demektir. Bu sorgulama biçimi kişide hep haksızlığa uğruyor hissi oluşturur. Olaylardaki hikmeti görmesini engeller. Sanki hayatta her şey *ona rağmen* oluyormuş gibi bir duygu durumu ortaya çıkarır. Bu da öfke ateşini harlayan temel motifin kendisidir.

Öfke kontrol bozukluğu olan bir eşle yaşarken temel niyetimiz *kendimizi korumaktır.* Eşimizin öfkelendiği spesifik mayınlı alanlar varsa, bu alanlardan uzak durmak güzel bir koruyucu olabilir.

Zahit'in dağınıklığa tahammülü yoktu. İç dünyasında duygularını organize edip düzenleyemediğinden, psikolojik sistemi onu dış dünyasını düzenleyip organize etmeye dair aşırı hassaslaştırmıştı. Derli toplu ve düzenli ortamlarda kendini huzurlu hissediyordu. Dağınık ortamları nasıl algıladığını ise Zahit, "Evi öyle gördüğümde kafama sanki balyozla vuruyorlar gibi hissediyorum, dağınıklıkta boğuluyorum." ifadeleriyle dile getiriyordu. Eşi Neşe ise *rahat* bir kadındı. Büyük bir evleri ve dört çocukları vardı. Neşe dört çocuklu bir evin her daim gıcır gıcır olamayacağını eşine anlatıyordu fakat Zahit evi her dağınık gördüğünde bağırmaya, kızmaya, hakaret etmeye başlıyordu. Evlilikleri için danışmanlık almaya başladıklarında ilk adım olarak Zahit'in düzen hassasiyetinin zeminini anlamaya çalıştık. Elbette tertip ve düzen güzel hassasiyetlerdi fakat evliliği kırıp dökecek bir öfke patlamasını da hiçbir düzensizlik hak etmezdi. Zahit'le iç dünyasının kapılarını bireysel olarak aralarken, çift seanslarımızda öncelikle Zahit için bir 'düzenli ortam/nefes alanı' oluşturduk. Neşe, evin diğer kısımlarını toplamaya vakit bulamasa da ortak oturdukları oturma odası konusunda titiz davranmaya başladı. Haftada bir gün evlerine yardımcı alıp Neşe'nin iş yükünü hafiflettiler. Böylelikle Neşe işlere daha kolay yetişip eşinin düzen hassasiyetine saygı göstermeyi öğrenirken, Zahit ise zaman içinde iç dünyasındaki duyguları/olayları organize etmeyi öğrendi. Böylece dış dünyayı düzenleme ihtiyacı kontrol edebileceği bir noktaya gelmiş oldu.

Bazen öfke kendini yıkıcı bir dış davranış olarak göstermez. Öfkeli eş, eşinin canını yakmak için tokada değilse de küsme, trip atma, yok sayma, iletişimden uzak durup değersizleştirme gibi pasif agresif tutumlara yönelir. Dıştan bakıldığında evde bir kavga yokmuş gibi durur ama tüm bu tutumlar şiddetin ta kendisidir!

Pasif agresif bir eşimiz varsa, kendini güvenli yollarla ifade edemeyen, duygularını ve düşüncelerini daha çok imalarla anlatmayı seçen, bizimle aynı fikirde gibi durduğu konularda adım atmayarak ya da sorumluluk almayarak süreci sabote eden biriyle evliyiz demektir. Pasif agresif eş kendi iç dünyasında derin bir olumsuzluk yaşadığı hâlde olumsuzluk yaşadığı olay konusunda harekete geçmeyecek, içindeki negatifliği biriktirerek bambaşka bir olayda agresif tepkiler ortaya koyacaktır.

Pasif agresif kişiler suçlanmaktan, eleştirilmekten, yetersiz hissetmekten korkarlar. Bu nedenle öfkeli oldukları olaylara net tepkiler göstermezler. Tepkilerini daha silik bir şekilde, küserek, tavır yaparak ya da öfkeli oldukları kişiyi inciteceğini bildikleri davranışlarda bulunup içsel bir intikam peşinde koşarak yaşarlar. Araştırmalar çok net sonuçlar ortaya koymasa da, pasif agresif kişilik özelliğinin sebepleri büyük oranda çocukluk yaşantılarıyla açıklanmaktadır. Çocukken öfkesini sağlıklı biçimde ortaya koymasına izin verilmeyen, bastırılan, duygularını regüle etme becerisini sağlıklı yollarla kazanamayan kişilerin pasif agresif tutumlara yönelmesi olasıdır. Özellikle ayıp, yasak vurgusu çok olan ailelerde duygular dışarı çıkabilmek için sağlıksız bir yol muhakkak bulurlar.

Pasif agresif bir eşle yaşıyorsak sağlıksız agresif tutumlarının (küsmek, trip vs.) onun işine yaramayacağını göstermemiz gerekir. Küstüğünde, "Küstüğünü görüyorum, incindiğin bir şey varsa konuşalım. Zira bu şekilde yol almamız mümkün değil." tarzında yaklaşmak ve duygularını sağlıklı bir biçimde ifade etmesine destek olmak faydalı olacaktır.

Öfkeli bir eşle nasıl yaşanır?

- Öfkeyi işlevsel bir problem çözme aracına çevirmemek için boyun eğici değil, sınırları koruyucu bir tarzda yaklaşın.
- Duygularını (öfke, kaygı, üzüntü vs.) sağlıklı (konuşarak, ifade ederek) ifade etmesi için teşvik edin.
- Ayrışmayı öğrenin, duygularınızı ve bedeninizi şiddetten koruyun.
- Eleştirici ve kırıcı bir dil kullanmayın, destek veren/teşvik eden bir dille yaklaşın.
- Kendinizi terk edilmiş, yalnız, çaresiz hissederseniz destek alın.
- Eşinizin hayatında 'kurtarıcı' olmayın, onu iyileştirmek gibi bir göreviniz yok. Ancak eşiniz iyileşmeyi seçerse bu yolda ona eşlik eden olduğunuzu unutmayın.
- Kendi yaşam sınırlarınızı koruyacak, enerjinizi artıracak, sosyal hayatınızı destekleyecek bir çevre oluşturun.

6. İçe kapanık Bir Eşle Yaşamak

Numan, rutini bağımlılık derecesinde seviyor. İşten eve, evden işe tanımı onun için söylenmiş gibi. Ne zaman bir misafir gelecek olsa ya da bir ziyarete gitmeleri gerekse kaçmak için nedenler buluyor.

Sevinç, evliliğini, "Sanki dul bir kadınım, kocam hiç ortalarda yok." diye tanımlıyor. Eşi Orhan için evde durmak mutluluk için yetiyor da artıyor.

Zekiye, diğer pek çok kızın aksine hiç anne olma hayali kurmadı. Onun hayali hep kütüphaneci olmaktı. Kültürel baskılar sonucu evlendiğinde dahi kitaplara gömülüp saatlerce dünyadan soyutlanmanın hayalini kuruyordu. Hayatı, akşam geldiği evi ve sabahın erkenden akşamın karanlığına değin sevinçle koştuğu işi arasında geçiyor.

Bütün bu insanlar halk arasında 'yalnız kurt' olarak tanımlanan *şizoit*

kişiliğe sahipler. Yani içe kapanık bir hayat yaşıyorlar.

İçe kapanık olmak, eğer patoloji boyutundan bahsediyorsak, sosyalliğin zıddı olmaktan biraz fazladır. Şizoit kişiler yalnızlıklarının dışındaki dünyaya ilgi duymazlar. Sosyal ilişkiler, kalabalık ortamlar, hatta ikili ilişkilerdeki yakın alışveriş onları rahatsız eder. İçe kapanıklığın asosyallikten (sosyal fobi) ayrılan kısmı, sosyal fobik insanların sosyal ortamlara girmek istedikleri hâlde kaygı duymaları, içe kapanık kişilerin bu ortamlara girmek gibi bir isteklerinin olmamasıdır.

Benim eşim içe kapanık mı?

1. Dışarıdan bakıldığında tasasız, kayıtsız, gizemli, cool bir görüntü çiziyorsa,
2. Duygusal ilişkilerde ne övgüden ne de yergiden etkilenmiyor gibi görünüyorsa,
3. Sadece bir-iki yakın arkadaşı varsa ya da yalnızca çekirdek ailesi ile iletişime geçmeyi seçiyorsa,
4. Sosyal ortamlara girmemek için azami gayret gösteriyor, mecburen girdiğinde mutsuz olduğu her hâlinden belli oluyorsa,
5. Tek başına olmayı çok seviyor, evin içinde yalnız kaldığı anlardan mutlulukla bahsediyor ve hep bu yalnızlığına kaçmaya çalışıyorsa, içe kapanık bir eşiniz var demektir.

İçe kapanık bir eşle yaşamak, ev dışındaki hayatı yalnız yürütmek demektir. Beraber olmaktan, evliliği bir yol arkadaşlığı olarak görmekten, mümkün olduğunca eşiyle hareket etmekten hoşlanan ya da hayat içinde yanına bir destek arayan kişiler için içe kapanık bir eş âdeta kâbus gibidir.

Naime, kalp ağrısı ile fenalaştığı ve apar topar hastaneye kaldırıldığında yanında onu hastaneye götüren yan komşuları ve biri 14 diğeri 17 yaşında olan iki oğlu vardı. Eşi Salim hastaneye hiç gelmedi çünkü hastanelerden hoşlanmıyordu. Doktorla konuşmak, hemşirelerden bilgi almak, ödeme ve ilaç için bankoya gitmek, eczaneye uğramak pek çok sosyal ilişki demekti ve bütün bunlar Salim için ölüm gibiydi. Naime, eşinin tüm bu tavırlarını eşinin sevgisizliği olarak yorumladığı için çok kırgın, yorgun ve yalnız hissediyordu. Oysa eşi şizoit bir yapıdaydı. Naime, eşinin bu hâlini bir hastalık gibi kabullendiğinde ve konunun kendisiyle ilgili olmadığını fark ettiğinde biraz rahatladı. Kendisi ilgilenilmeyecek/ sevilmeyecek birisi değildi, eşinin ilgi ve sevgi kapasitesi bu kadardı.

İçe kapanık bu hâlin zeminine baktığımızda genellikle aileden uzak büyümüş ya da aynı evde olmasına karşın duygusal uzaklık yaşamış bir çocukluk görmekteyiz. Duygusal veya fiziksel mesafenin çokluğu, çocuğun zaman içinde kendi kendine yetmesi gerektiğinin önemli bir öğrenmesini inşa eder. Çocuk her açıdan kendine yetmeli, diğer insanlardan beklenti içine girmemeli, güçlü olmalıdır. Nitekim yanında kimseyi hissetmediği şu koca dünyada ona ihtiyacı olan yakîni verebilecek kimse yok gibidir. İşte bu tarz bir öğrenme, şizoit kişilik için en önemli risk faktörüdür.

İçe kapanık bir eşten şu cümleleri duyabilirsiniz:

- "Bana dokunma da sen gidersen git..."
- "Hadi sessizce oturalım balkonda."
- "Yine mi akraba toplantısı? Ben gelmesem?"
- "Harika bir pazar planı yaptım, garajı düzenleyeceğim."

Mustafa, içe kapanık biriydi. Eşiyle ayrılma noktasına geldiğinde bireysel danışmanlık almaya karar verdi. Kendini anlatmak istiyordu. Kimsenin onu anlamadığını düşünüyordu.

5 kardeşin olduğu fakir bir evde doğmuştu Mustafa. Babası alkol ve at yarışı bağımlısıydı. Annesi hem evi hem böyle bir eşi ve 5 çocuğu yönetmeye çalışan yorgun ve depresif bir kadındı. O tükenmişliğin içinde çocuklarına verebilecek bir enerjisi yoktu. Aile o denli fakir ve zor durumdaydı ki, ailenin en küçük çocuğu olan Mustafa'yı çocuğu olmayan bir akrabaya evlatlık verdiler. Mustafa evlatlık verildiğinde 7 yaşındaydı ve her şeyin farkındaydı. O istenmeyen, hızla gözden çıkarılan, vazgeçilen çocuktu.

Evlatlık verildiği aile Mustafa'ya kendi ailesinden daha sıcak bir ortam sunuyor olsa da Mustafa'nın tekrar vazgeçilen, terk edilen, gözden çıkarılan olmaya gücü yoktu. Bu acıyı çocuk yüreği kaldırmazdı.

O yüzden yeni ailesiyle hiç bağ kurmadı. Yeni yuvanın babası Nejat Bey'in bakkal dükkânı vardı. Mustafa, okul dışındaki vakitlerde orada çıraklık yapıyordu. Mustafa'nın matematik zekâsı ve çalışkanlığı Nejat Bey'in takdirini kazanmıştı. 11 yaşında ilkokulu bitiren Mustafa, okulu bırakıp bakkalda çalışmaya karar verdi. Gece geç saatlere kadar çuval çuval şekerleri, pirinçleri, tuzları yarım kiloluk ve bir kiloluk poşetlere koyar, peyniri, zeytini kilolarına göre poşetler, rafların düzenini sağlar, eve gitmemek için kendine işler üretirdi. Onun herkesten –özellikle yakın ilişkiden– kaçan bu hâli dışarıdan çalışkanlık gibi görülüyor ve takdir topluyordu. Oysa Mustafa çalışkan olmaktan öte yalnızdı. Yalnızlığını bir zırh gibi üzerine giyiyordu. Bu zırh zaman içinde onun kendi derisi hâline gelecekti.

İçe kapanık kişilerin –her ne kadar duygudan yoksun, mesafeli– gözükseler de yaralı bir kalpleri ve hassas bir ruhları vardır. Böyle bir eşimiz varsa onun zahirinden çok içindeki derin yüreği görmek ilişkimize katkı sağlar. Nitekim çocukluk yıllarında alamadıkları anlayışı ve emniyet zeminini evliliğimizde ancak böylelikle inşa etmiş oluruz.

İçe kapanık bir eşimiz varsa, kendi beklentilerimizi sınırlamayı ve onun bireyselliğine alan açmayı öğrenmemiz gerekir. Tabii ki bu bırakalım hep yalnız kalsın demek değildir. Sadece ortak konuşarak beraber yapacaklarımız ve ayrı kalacağımız zamanları belirlemek, bilmek ve bu konuda mutabık olmak demektir. Her hafta arkadaşlarımızla buluşmak mümkün olamıyorsa, ayda bir gün birlikte tek bir arkadaşımızla görüşmekte anlaşabiliriz gibi...

İçe kapanık kişiler sosyal ortamlar konusunda eksik olabilirler ama harika bir ev ortağıdırlar. Planlı iş yapmak, evi organize etmek, araştırma yapıp ince işlerin detayını öğrenmek konusunda usta gibidirler. Onları dışarı çıkarmak için zorlamak yerine var olan yeteneklerini ev içine yönlendirmek ilişki için daha işlevsel olur. Beraber evde olmak, huzurun ve sessizliğin tadını çıkarmak içe kapanık eşler için eşlik etmesi kolay süreçlerdir.

Sosyal hayatın içindeki durumlara beraber alternatif üretmek yine evliliğimizi kolaylaştırabilir. Kalabalık bir otel tatilindense baş başa bir kamp tatili, birçok kişiyle buluşup görüşmektense her defasında yakın tek bir aile dostumuzla plan yapmak, kalabalık ve sosyal ilişki gerektiren aktiviteler yerine sakin, dingin, gizli mekânları keşfe çıkmak şizoit bir eşle anlaşabileceğiniz ortak paydalar olabilir.

Bununla birlikte, içe kapanık olan eşimizdir, biz bu duygu durumunu içselleştirmek zorunda değilizdir. Eşimizin bu durumuna kabullenici bir alan açarken, kendi sosyal ihtiyaçlarımızı karşılayabilecek alanları elden bırakmamak oldukça önemlidir. Arkadaş grupları, akraba toplantıları, düğünler, mezun buluşmaları ve hatta arkadaşlarımızla seyahatler hayatımızın içinde kalması ve bütün bunları eşimiz olmadan da yapabileceğimiz konusunda pozitif bir kabule gelmemiz gereken alanlardır.

İçe kapanık bir eşle nasıl yaşanır?

- Eşinizin kaçıngan ve mesafeli tutumlarını kişiselleştirmeyin, bu sizinle değil onunla ilgili.
- Yalnızlık ihtiyacına saygı duyun, ona alan açın ama tamamıyla kendi hâlinde kalamayacağını çünkü evliliğine karşı sorumlulukları olduğunu hatırlatmayı deneyin.
- Ailenizin sosyal yönü siz olun. Aile toplantılarına, düğünlere, davetlere eşiniz olmadan gitmekten gocunmayın.
- Sevdiğiniz sosyal aktiviteleri kendiniz için hayatınızda tutun.
- Sessiz, sakin, sosyal mecburiyetleri olmayan (ya da az olan) ortak aktiviteler geliştirin.
- Evinizde birlikte olmaktan keyif almayı öğrenin.

7. Mükemmeliyetçi/Takıntılı Bir Eşle Yaşamak

Ayşen her gün halıları silkeliyor, süpürüyor ve siliyor çünkü Ayşen'e göre iyi bir ev hanımı olmak her gün mükellef temizlikler yapmakla ilgili.

Selim günde 17 saatini işleriyle ilgili koşuşarak geçiriyor. Patronunun ondan böyle bir beklentisi yok ama o iyi bir çalışanın böyle olması gerektiğine inanıyor.

Melike, eşi Halit evlilik yıl dönümlerini bir kere unuttu diye üç ay ona küs kaldı ve üzerinden yıllar geçmiş olsa da bunu bir ihanet olarak yorumluyor. Melike'ye göre iyi bir koca böyle hatalar yapmamalı...

Tüm bu hikâyelerin görünen ortak yönü, *mükemmeliyetçi/takıntılı*

beklentiler sonucunda ortaya çıkmaları...

Mükemmeliyetçilik, hayata ve insanlara hata payı bırakmaksızın en iyiyi beklemektir. Bu durum 'her şey iyi olsun' temennisinden farklı olarak mükemmeliyetçi kişinin kafasındaki 'iyi'ye her şeyi ve herkesi uydurmaya çalışması ve âdeta bu uğurda hayatı cehenneme çevirmesi hâlidir. Hayatta mükemmel diye bir şey yoktur. Her şey bir yönüyle eksik ve kusurludur. Ama bir mükemmeliyetçi için eksik ve kusurlu tanımı o kadar rahatsız edicidir ki, bu gerçeğin verdiği acıyla baş etmektense –yani hayatı olduğu gibi kabul etmektense– kendini acıtarak mükemmele ulaşmak için hırpalanmaya yönelir.

Benim eşim mükemmeliyetçi/takıntılı bir eş mi?

1. Keskin, değişmez ve bazen gereksiz görünen plancı bir tutumu varsa,
2. Kendisiyle ilgili eleştiriye son derece hassas yaklaşıyor ve fakat çevresini kolaylıkla eleştiriyorsa,
3. -meli, -malı cümleleri fazlaysa,
4. Hataya ve başarısızlığa tahammülü yoksa,
5. Başarılı olmak adına kendinden geçercesine çalışıyor ve bu durum onu huzursuz ve öfkeli bir insan hâline sokuyorsa, mükemmeliyetçi/takıntılı bir eşiniz var demektir.

Mükemmeliyetçi insanlar dışarıdan başarılı gözükebilirler. Zira başarı için adanmış hayatları vardır ve bu yoğun emek bir noktada başarıyı getirebilir. Lakin görünen başarılarına rağmen mutsuz, öfkeli ve huzursuz bir iç dünyaya sahiptirler. Nitekim başarı gayretleri derinlerde onaylanma, kabul görme ve sevilme ihtiyacını karşılamak içindir. Fakat hiçbir başarı bu ihtiyaçları gidermeye yetmeyecektir.

Adnan, Boğaziçi Üniversitesi'ni onur derecesiyle bitirdikten sonra tam burslu olarak Cambridge Üniversitesi'nde yüksek lisansını yapmıştı. Ülkesine geri döndüğünde büyük bir firmada çok iyi bir maaşla işe başladı. Nesrin'le bu firmada tanışıp evlendiler. Adnan'ın parlak kariyeri Nesrin'i ilk başlarda çok etkilerken, aynı parlak kariyer evlilikleri için bir handikap oluşturmaya başlamıştı. Zira Adnan titiz bir işkolikti. Gece geç saatlere kadar gerekmeyecek kadar ince detaylarla ilgileniyor, kendini âdeta hırpalıyor, çoğu gece eve posası çıkmış, tükenmiş bir hâlde geliyordu. Dışarıdan bakıldığında parıl parıl parlayan bu başarılı adam, özünde yorgun, gergin ve mutsuzdu.

Adnan'ın mutsuzluğu iş koşuşması ya da evlilik hayatıyla ilgili görünmüyordu. İşi de evliliği de ayrı ayrı değerlendirildiğinde gayet başarılı denebilecek noktalardaydı. Adnan'ın sorunu, içindeki boşluktaydı. İşle, evlilikle, bir dolu gereksiz detayla doldurmaya çalıştığı şey içindeki boş kalmış sevgi, ilgi ve onay kabıydı.

Adnan, çok çalışan bir ailenin tek çocuğuydu. Ailesi işçi olarak Almanya'ya gitmiş, Adnan orada dünyaya gelmiş ve gece gündüz çalışan bir ana babanın evladı olarak –kelimenin tam anlamıyla– yalnız büyümüştü. Bir işi başardığında ona ilk onayı veren kimsesi olmamıştı yanında. Kreşlerde geçen çocukluğunda ilgiye, onaya ve yakın sevgiye aç kalmıştı. Anne babasının tek ilgi alanı, onun okul başarıları olmuştu. "Oku, çalış da bizim gibi olma." sözünü o kadar çok duymuştu ki, hayatta tek var olduğu alan okumak ve çalışmak olmuş gibiydi. Lakin ne kadar çalışırsa çalışsın, ne kadar başarırsa başarsın içinde bir yerlerde yeri dolmayan bir "Aferin oğlum" onayı vardı. O onayı duyamıyordu, yerini dolduramıyordu ve durmadan çalışıyor, çalışıyor, çalışıyordu...

Mükemmeliyetçi bir eşten şu cümleleri duyabilirsiniz:

- "Her şey daha iyi olsun diye seni eleştiriyorum."
- "Bir şeyler hep eksik gibi evliliğimizde, neyi yapamıyoruz?"
- "Çocuğun sınavdan 70 alıyor ve sen dertlenmiyorsun bile!"
- "İyi bir eş olsan hiç hata yapmazdın! Bu kaçıncı!"

Mükemmeliyetçi insanların mükemmellikten uzak bir çocukları vardır. Nitekim bir insanı mükemmel olmaya bu denli güdüleyen şey çoğunlukla anne-babanın yanlış tutumları sonucu ortaya çıkar. Çocukluğunda güven, onay, sevgi ve ilgi ihtiyacı karşılanmamış kişiler mükemmeliyetçi bir zırh girmeye daha yatkın yetişkinlere dönüşürler.

Mükemmeliyetçilik girdabında tükendiği bir noktada danışmanlık alan Zühre, annesini şöyle anlatıyor: "Onun için hiç yeterli olamadım. Her zaman eleştirecek bir şey bulurdu. Odamı toplardım, 'Halının saçakları neden karışık?' derdi. Kek yapardım, 'Yeterince kabarmamış.' diye söylenirdi. Onu sevindirmek için evi toplar, temizlerdim, eksik bıraktığım küçücük bir yer yüzünden kalbimi kırardı. Annem için hiç yeterli olamadım ben, ona hiç yetemedim..."

Zühre gibi eleştirel bir ailede büyüyen çocuklar her şeyin eksik tarafını görme konusunda ustalaşırlar. Yaptıkları işleri, söyledikleri sözleri, davranışları hep eksik görmeyi öğrenmişlerdir. Sanki tüm dünya mükemmeldir de bir kendileri eksiktir, öyle hissederler. Bu nedenle de sürekli, durmadan, tüm enerjileriyle diğer mükemmel (!) insanlara yetişmek için didinirler. Ve işin bir noktasında ne yazık ki tükenirler.

Aile ortamının kaotik olduğu süreçler de çocuklar için bir mükemmeliyetçilik tutumu oluşturur. Ailede kavga, kaos, belirsizlik hüküm sürüyorsa, bu ailede büyüyen çocuklar aşırı kontrolcü olmak konusunda duyarlı olurlar. Hayatı akışına bırakamazlar. Planlar yapıp o planlara uymak konusunda katı ve kararlı olmak için kendilerini yiyip bitirirler. Ailelerinde gördükleri emniyetsiz ortam şemasını olabildiğince emniyetli hâle getirebilmek için mükemmeliyetçilik şeması ortaya koyarlar.

Mükemmeliyetçi bir eşle yaşamak planlara uyma konusunda anlayış ve esneklik becerilerimizi harekete geçirir. Zira eşimizin her daim planları vardır ve bizi bu planlara uymak konusunda fiziksel ve psikolojik olarak zorlayacaktır. Mükemmeliyetçi bir eşle yaşamak planlı bir hayatı âdeta tenimiz gibi üzerimize giymemiz anlamına gelir.

İbrahim, eşi Gülay'ın mükemmeliyetçiliğinden şöyle bahsediyor: "Gülay için uyuduğumuz, uyandığımız, hatta karı koca beraber olacağımız saatler bile hep belirlidir. İki çocuğumuz var ve çocuklarımızın oyun, uyku, yemek vs. tüm saatlerini eşim planlar ve tüm ailenin bu planlar dahilinde hareket etmesini bekler. İşler onun planı dışına çıktığında inanılmaz öfkelenir. Ben de yıllar içinde onun bu yönünü öğrendiğim için ailede huzursuzluk çıkmaması için olabildiğince planlarına uyuyorum. Hatta arada, 'Azıcık televizyon izleyebilir miyim? İzin var mı? Planına uyuyor mu?' diye ona takılıyorum."

Mükemmeliyetçi eşler hiçbir şeyi boş veremezler. Hayatın her alanında bir iş tutuşları vardır ve bu iş tutuşa göre rollerinde başarılı olmaya odaklıdırlar. Böyle bir eşle evli olmak, onun için özel olan günleri, detayları hiç unutmamayı gerektirir. "Mars'ta yaşam mümkünmüş." cümlesi bir mükemmeliyetçi için, "İnsanlık hâli canım, ne olmuş yıldönümümüzü bu seferlik unuttuysa." cümlesinden çok daha gerçekçi ve geçerlidir.

Bazen mükemmeliyetçi yapı belli bir alana yönelir ve bir takıntı gibi kendini gösterir. Düzen takıntısı, hijyen takıntısı, kontrol takıntısı gibi spesifik başlıklar mükemmeliyetçi eşlerin kendini ortaya koyma biçimi olabilecektir.

Emine, büyüdüğü köy ortamında bir kız çocuğu olarak sadece yaptığı işlerle onaylanıyordu. Evi süpürürse, tığ işi yaparsa, hamur yoğurursa, sobayı temizlerse, kardeşlerine bakarsa "Aferin" deniyor, başka hiçbir alanda duyguları, düşünceleri, sevdiği ya da sevmediği şeyler gündeme gelmiyordu. İş yaptığı kadar vardı Emine... Ailesinden öğrendiği, "İş yapıyorsan varsın." şeması yetişkinlik yıllarında bir takıntıya dönüştü. Her gün evi kaldırıyor, siliyor süpürüyor, her gün çarşafları değiştirip istisnasız her gün taze yemek pişirmek için kendini paralıyordu. Eşi onu danışmanlık için karşıma getirdiği günün gecesinde sabaha kadar diş fırçasıyla fayans aralarını temizlemişti. Üstelik bu hafta bu temizliği ikinci yapışıydı...

Mükemmeliyetçi bir eşle yaşarken onun plan ve beklentilerine zaman zaman uyup bazı zamanlarda da uymayacağımızı açıkça ifade etmek ve bu konuda kararlı duruş sergilemek önemlidir. Nitekim eşimizin her planına uyumlanmak zaman içinde bizi yıpratacağı gibi eşimizde var olan mükemmeliyet şemasını da besleyip pekiştirecektir. Evlilikte bir planlayan ve her zaman ona uyan şeklinde iki kişi olmamalıdır. Bir kişi yapı olarak daha yönlendirici olsa bile zaman zaman yönetmeyi bırakmalı ve akışta olmanın huzurunu yaşamasına alan açılmalıdır.

Mükemmeliyetçi kişiler severek yaptıkları işleri ya da eğlenceli aktiviteleri dahi bir iş stresine çevirdikleri için gevşeme ve eğlenme konusunda desteğe ihtiyaçları vardır. Bu yapıda bir eşimiz varsa, onu işlerinden uzaklaştırıp doğayla buluşması için ortamlar oluşturmak, hiçbir şey yapmadan oturduğu, gevşediği alanlara davet etmek, arada bir ipleri ele alarak onu dinlendirmek evliliğimiz için önemli kazanımlar ortaya çıkarır.

Mükemmeliyetçi/Takıntılı bir eşle nasıl yaşanır?

- Eşinizin planlı ve kontrolcü hâlini görün ve saygı duyun. Ve fakat her daim onun planına uymak zorunda hissetmeyin.
- Düzen, dakiklik, planlı yaşam başlıklarında pozitif bir yaşam bilinci geliştirmeye çalışın. Zira mükemmeliyetçi bir insanın net tutumlara ihtiyacı vardır.
- Eşinizin gergin tarafını kişiselleştirmeyin, kendini bu denli yıprattığı için öfkeli ve stresli olduğunu bilin.
- İçindeki onay ve ilgi bekleyen küçük çocuğu görün. Onay ve sevgi cümlelerinizi esirgemeyin.
- Evliliği bir rekabet/çekişme alanına döndürmesine fırsat vermeyin ve siz de onu bir yarış içinde gibi hissettirmeyin. Nitekim hırs, yarış, rekabet gibi yönelimler mükemmeliyetçilerde doğal olarak var olan güdülenmelerdir. Onu bu yönde tetiklememeye gayret edin.

8. Kuşkucu Bir Eşle Yaşamak

Neslihan, eşinin akrabalarının her davranışından kolayca mana çıkarıyor. Akraba toplantılarında insanların mutfağa gittiğini gördüğünde –toplamak için dahi olsa– özellikle onu dışladıklarını ve arkasından konuştuklarını düşünüyor.

Hakan, o işe gittiğinde, eve dönünceye kadar eşinin evden çıkmamasını ve perdeleri açmamasını istiyor çünkü Hakan'a göre eşini sahiplenen kıskanç bir eş böyle davranmalı.

Merve, her gün gittiği marketteki kasiyerlerin ona soğuk davrandığını, diğer müşterilerle ilgilendikleri gibi ilgilenmediklerini ve hatta arkasından bir iş çevirdiklerini iddia ediyor. Ve onlara gizli düşmanları gibi bakıyor.

Tüm bu kişilik yapılarının ortak bir özelliği var: *Kuşkucu olmaları...*

Kuşkucu insanların temel inançları dünyanın kötü ve tehlikeli insanlarla dolu olduğu yönündedir. Onlar için herkes potansiyel gizli düşmanlar gibidir. Bu yüzden detayları okumayı, anlamlandırmayı, niyet okuması yapmayı, jest ve mimiklere anlamlar yüklemeyi çok severler. Nitekim ancak bunu yaparak güvende olduklarını bir nebze hissedebilirler.

Kuşkucu insanların iki temel özelliği vardır: *Güvensiz ve katı olmaları...*

Güvensiz hissetmek zaten kuşkucu bir kişilik geliştirmenin temelinde yatan eksikliktir. Katılık ise, kişinin içinde hissettiği güvensizlik hâlinin bir sonucu olarak ortaya çıkan tepkisel ve esneklikten uzak duygu durumudur.

Benim eşim kuşkucu mu?

1. Gerçek bir tehdit/tehlike olmaksızın insanlara düşmanca bir bakış açısı ile bakıyorsa,
2. Kendisiyle ilgili en basit şakaları bile düşmanca algılıyorsa,
3. "Babana bile güvenmeyeceksin" inancı sarsılmaz mottosuysa,
4. Gereksiz kıskançlıklar ortaya koyuyorsa,
5. İnsanlar ona iyi davrandığında altında bir art niyet arıyorsa, kuşkucu bir eşiniz var demektir.

Nihal, 19 yaşında amcasının oğluyla evlendirilmişti. Babası, ağabeyi kızını istediğinde, "Hayır dersek ayıp olur." demiş ve kızına olabilecek ayıbı (!) düşünmeden ailede biraz garip bulunan yeğenine kızını vermişti. Nihal'in henüz ilk gecelerinde üzerinde gelinliğiyle utangaç ve çekingen duruşuna karşın eşi Haydar, "Yoksa aklında başka biri mi var?! Neden yere bakıyorsun, neden çekingen duruyorsun!" diye kavga çıkarmış ve Nihal'e şiddet göstermeye başlamıştı. Nihal, evliliklerinin ikinci yılında defalarca aldatılmakla, başkalarına bakmakla, evden izinsiz çıkıp erkeklere çıkmakla suçlanmalarının ve şiddete uğramanın nihayetinde evden kurtulmak için ikinci kattaki balkonundan atladığında ailesi durumu fark edebildi. Ve kızlarına sahip çıkıp bu patolojik evliliğe son verdiler. Nihal, bedenindeki yaralarla birlikte ruhundaki yaraları tarif edebilmek için uzun süre terapi görecekti...

Nihal'in kuşkucu eşini tarif ederken kullandığı cümleler şöyleydi: "Hep aklında bir senaryo vardı. Perdenin ucu açıksa muhakkak bu benim birine mesaj göndermem, göz süzmem demekti. Sürekli onu sevmediğimi, aldattığımı düşünüyordu. Ama bu düşünceleri bana has değildi. Ortak iş yaptığı kişi de onu aldatıyordu, annesi babası da onu aldatıyordu Haydar'a göre. Herkes düşmanıydı, herkes arkasından iş çeviriyordu..."

Kuşkucu bir eşle yaşamak çok zordur, nitekim kuşkularına mantıklı yanıtlar verebilmek çoğu zaman mümkün değildir. Nihal'in durumu kadar patolojik olmayan, sprektrumun daha altında olan kuşkucuların bile mantıkla açıklanamayan bakış açıları vardır.

Eda ile Güray aile danışmanlığı için geldiklerinde ifade ettikleri temel problem, Eda'nın kıskanç ve sahiplenici tutumuydu. Daha doğrusu Güray'ın gelme sebebi buydu çünkü artık boğuluyor gibi hissetmeye başlamıştı. Eşi Eda ise eşinin boşanma tehdidi ile danışmanlık almaya gelmişti. Bir nevi zorla getirilmişti. Güray'ın bir hastalık boyutunda tarif ettiği kıskançlığını Eda, "Seviyorum ki sahipleniyorum, kıskanıyorum. Şükredeceğine şikâyet ediyor." şeklinde ifade ediyordu. Güray için ise durum farklıydı:

"Tanıştığımızdan beri Eda böyle. Hakkını vereyim, sonradan değişti diyemem. Hep böyleydi! Nişanlılık yıllarımızda ara sıra iş yerime baskın (!) yapar ve bürodaki kadınlara bakıp bakmadığımı sorardı. Hatta bazen, 'Ayşe'ye baktın, gördüm! Ayrılalım da rahat rahat onunla gez!' diye olay çıkarırdı. Onun bu paranoyak hâli canımı o zaman da sıkardı ama bir yandan da evlenince, birbirimize güvenimiz artınca düzelir. Hem kıskançlık sevginin bir şubesidir, diye düşünürdüm. Ama bırakın azalmayı, Eda'daki bu kuşkuculuk günbegün arttı. Üç yıldır evliyiz, peşime sayısız kere dedektif taktı. Kredi kartı hesaplarımı takip eder, telefonumu karıştırır, gömleklerimi koklar. Ve bunun adına 'kıskançlık' der, 'sevgi' der! Ben çok bunaldım, ya Eda bu paranoyak hâlden kurtulacak ya da bu ilişki bitecek!"

Kuşkuculuğun temelinde *ilişkilerde zarar görme* motifi vardır ve bu genellikle çocuklukta öğrenilen bir şemadır. Özellikle ihmalin yoğun olduğu (fiziksel/duygusal) ve şiddetin ağır yaşandığı aile ortamları bu kişilik yapılanması için en ideal topraklardır.

Kuşkucu bir eşten şu cümleleri duyabilirsiniz:

- "O perde neden açık? Kime bakıyorsun?!"
- "İş toplantım var diyorsun, telefonunu açmıyorsun! Nasıl bir toplantıysa bu?!"
- "Sana yapacağımı bilirim ben!"
- "Ben yokken markete falan çıkma sakın! Ben gelince hâllederiz."

Kuşkucu bir eşle yaşarken dikkat etmemiz gereken maddelerden bahsetmeden önce şunu hatırlatmakta fayda görüyorum. Kuşkuculuk, diğer patolojilerde olduğu gibi bir spektrumda kendini gösterir. Az ya da ileri düzeyde olabilir. Dolayısıyla ileri paranoyak bir eşle yaşamak hayati riskler barındıracağından, böylesi ağır bir patolojiye karşı en sağlıklı yol ayrılmak olacaktır. Bununla birlikte bu bölümde bahsettiğimiz her sağlıksız sürecin olmazsa olmazı, eşimizin tedavi olmak için adım atmasıdır.

Kuşkucu bir eşimiz varsa, onunla yaşarken maksimum düzeyde açık, net ve şeffaf bir insan olmamız gerekir. Kuşkuya izin vermeyecek oranda açıklayıcılık, eşimizde var olan niyet okuma eğilimini dengelemek için oldukça önemlidir.

Kuşkucu kişiler mimik okuma konusunda uzmanlaştıkları için eşimize trip atmak, surat asmak onun dünyasında savaş bayrağı açmakla eşdeğer yorumlanacaktır. Ve kuşkucular katı tabiatları nedeniyle savaş işareti aldıklarında bu sinyale yoğun misilleme ile karşılık verirler.

Kuşkucu bir eşe meydan okumak iyi bir fikir değildir ve duygularımızı onun karakterine/kişiliğine saldırmadan ifade etmemiz çok mühimdir. "Sen ne biçim adamsın!", "Seninle hayat geçmez", "Seni tımarhaneye kapatmak gerek!" gibi savaş cümlelerinden uzak durarak, "Bana güvenmediğini hissettiğimde inciniyorum", "Bu davranış içimi acıtıyor", "Sen şöyle diyorsun, doğru olabilir, bir de böyle denesek nasıl olur", gibi yumuşak ifadelerle eşimizle iletişimde kalmak faydalı olacaktır.

Kuşkucu bir eşle nasıl yaşanır?

- Eğer can güvenliğiniz yoksa acilen ortamdan uzaklaşın.
- Açık, dürüst, şeffaf ve net bir tutum benimseyin.
- Düşmanlık olarak yorumlayacağı çekişmelere, tartışmalara girmeyin.
- İçinde hissettiği hayat 'savaşı'nda onun müttefiki olduğunuzu bilmesine yardımcı olacak tutumlar ortaya koyun.
- Eleştirilerinizi kişiliğine değil, davranışa yönlendirin. ("Sen şöyle hissettiriyorsun," değil, "Bu davranış böyle hissettiriyor.")
- Kişisel sınırlarınızın ne olacağını karşılıklı konuşup ortak karara varın.

9. Sadakatsiz Bir Eşle Yaşamak

Kerem, gece eşi uyuduktan sonra sanal sitelerde tanımadığı kadınlarla yazışıyor.

Ayşe, iş yerindeki patronuna flörtöz davranıyor ve onun ilgisini çekmekten haz alıyor.

Adnan, pornografik dergiler alıyor ve eşinden gizli bu dergileri okuyor.

Hasan'ın evlilik dışı sayısız ilişkisi var ve her yakalanışında bir daha yapmayacağı konusunda eşine söz veriyor...

Bu kişilerin evliliklerindeki ortak doku, *sadakatsizlik...*

Evlilik, iki insanın birbirlerine emniyet ve güven içinde teslim oldukları bir çatı oluşturmaktır. Her ilişkide olduğu gibi karı koca ilişkisinde de güvenmek en önemli ihtiyaçtır. Sadakatli olmak ise bu güven ortamını oluşturabilecek başlıca değerlerdendir. Lakin görünen o ki, bazı insanlar için sadakat kavramı uyulması zor, sıkıcı bir görev gibidir.

Eşler birbirini neden aldatır, sorusunun tek bir cevabı olmasa da bireyi sadakatsizliğe iten bazı risk faktörleri vardır. Bu faktörlerin ilki, kişilik bozukluklarıdır.

Narsist kişilik bozukluğu, sınır kişilik bozukluğu, antisosyal kişilik bozukluğu gibi bazı psikiyatrik bozukluklar kişinin eşini aldatmasının zeminini oluşturabilir. Bir narsist aldatmayı hakkı olarak görebilir; sınır kişilik bozukluğu olan bir kişi rutin ilişkiden sıkılabilir; bir antisosyal eşinin canını acıtmak için aldatmayı seçebilir... Bu nedenle kişilik bozukluğu olan bir eşle yaşamak diğer konularda olduğu gibi sadakatsizlik riskini de artırabilir.

Benim eşim sadakatsiz mi?

1. Eşinizin rutinden sıkılan, bağlılıktan ve yakın ilişkiden kaçan, heyecan arayan bir yapısı varsa,
2. Herhangi bir kişilik bozukluğu ya da aşamadığı psikiyatrik problemleri mevcutsa,
3. Alkol, madde, seks gibi bağımlılıklara sahipse,
4. Çocukluk öyküsünde cinsel istismar bulunuyorsa,
5. Gizli, şüpheli davranışları varsa,
6. Kolaylıkla yalan söyleyebiliyorsa, sadakatsiz olma konusunda risk taşıyan bir eşiniz var demektir.

Sadakatsizliğin bir diğer risk faktörü, psikolojik bozukluklar ve travmalardır. Çocukluğunda cinsel istismara uğramış kişilerin cinsellik konusunda patoloji göstermesi bir risk faktörü olarak karşımıza çıkarken, çocukluğunda karşı cins ebeveyninden yıkıcı şiddet ve aşağılama görmüş kişilerin karşı cinsi aşağılama (intikam) yönelimiyle çok partnerli bir ilişki yürütmesi de yine bir risk faktörüdür.

Serdar'ın sadakatsizlik sürecini anlatırken kullandığı cümleler, içindeki çocuğun intikam ateşini anlatır gibidir: "Eşim aslında iyi biri, onu aldatmak istemiyorum ama içimde, birlikte olup sonra aramadığım her kadında huzur hisseden, rahatlayan bir parça var."

Bununla birlikte, bağımlılığı olan kişilerin bu zafiyete düşme ihtimali, olmayanlara göre daha fazladır. Alkol ve madde kullanma süreci kişinin itidalli düşünme, olayların sonucunu muhakeme etme becerisini köreltir. Bu nedenle ayıkken eşini aldatmayı düşünmeyen bir kişi, alkolün ya da maddenin etkisindeyken bu yola daha kolay tevessül edebilecektir. Hele ki seks bağımlılığı yaşanıyorsa, bu bağımlılığın bireyi yönelttiği haz arayışı kolaylıkla sadakatsizliğin kapısını aralayabilecektir.

Bütün bu patolojiler tedavi edilmesi kesinlikle gerekli süreçlerdir. Birer hastalıktır. Bunların dışında kişiyi eşine ihanet etmeye yönlendiren ve bir hastalıktan çok yanlış düşünce ve davranış olarak görünen sadakatsizlik örnekleri de vardır.

Bülent, eşinin cinsel ilgisizliğinden dertli bir adamdı. Eşi Begüm 'ev hanımlığı' ve 'iş kadınlığı' yönünden kusursuz denebilecek bir kadındı. Yemek yapmak, evi derleyip toplamak, çocuklarla ilgilenmek gibi tüm alanlarda ihmalkâr davranmaz, elinden geldiğince yetişmeye çalışırdı. Aynı zamanda öğretmen olan Begüm, iş hayatını da gayet başarılı götürmekteydi. Lakin konu eşiyle cinsel hayatı olunca hep yorgun ve isteksizdi. Bülent, inancı gereği eşini aldatmak gibi bir düşünce içine girmiyordu. Lakin bir gün sanal ortamda gezinirken bir kadının şuh bir fotoğrafına rastladı. Sayfasına baktı. Sayfada, "Eşin uyuyorsa gel yazışalım" tarzı uygunsuz içerikler vardı. Kendine yenik düştü ve yazışmaya başladı. Yazışırken sanal ilişkinin cüzi bir para karşılığında olabileceğini öğrendi. Bu yol aklına yatmıştı. Neticede 'sanal' olduğuna göre aldatma sayılmazdı. Neredeyse her gece eşi uyuduktan sonra bu sayfalara giriyor, ücreti ödeyip sanal ilişkide bulunuyordu. Ta ki eşine yakalanana kadar...

Eşini boşanmaktan zor vazgeçiren Bülent, onun talebi ile aile danışmanlığı almaya karar vermişti. Danışmanlık seansları sırasında çiftlerin birbirlerinde eksik gördükleri kısımları gidermek için dışarıya yönelmelerinin bir patoloji olduğunu ve sanal mecralarda da olsa başka kişilerle cinsel yakınlık kurmanın 'aldatma' olduğunu öğrenecekti.

Sadakatsiz bir eşten şu cümleleri duyabilirsiniz:

- "Aldatmadım ki! Yazıştım sadece!"
- "Tamam bir ilişkim oldu ama beni buna sen ittin!"
- "Kaç kere özür dileyeceğim, bıktım bu dırdırından!"
- "Gözüm dışarıdaysa bi düşün bakalım gözüm neden dışarı kayıyor!"

Bazen ilişkilerde bir şeyler eksik kalır. Sadakatsizlik gösteren kadın ve erkekler incelendiğinde, kadınların *duygusal*, erkeklerin *cinsel* eksikleri mazeret göstererek aldatma davranışına girdikleri görülmektedir. Oysa sebebi ne olursa olsun –eşlerden biri bir şeyleri eksik bırakıyorsa dahi– aldatma davranışının bahanesi olmamaktadır. Eksikler yine ilişkiyi yaşayan çift arasında çözülmeye çalışılmalı, bunun için gerekiyorsa uzman desteği alınmalıdır. Yine yol alınamıyorsa da çözüm aldatmak değil, ayrılmak olmalıdır.

Bülent'le Begüm'ün hikâyesinde sürecin ilk adımı Bülent'in yaptığı yanlış davranışın sorumluluğunu alması ve hata yaptığını kabul etmesi, "Sen şöyle yapsaydın ben bunu yapmazdım." suçlamalarından arınmış bir kalple eşinden özür dilemesi oldu. Bülent çapkın, eşini sevmeyen ya da aldatmaya meyyal bir kişi değildi. Yaptığından pişmandı. Bununla birlikte ilişkilerindeki cinsel sorunları çözmek istiyordu. Begüm, Bülent'i affedip evli kalmaya karar verdikten sonra cinsel hayatlarındaki sorunları ve çözüm yollarını konuşabilirdik. Zira evliliğe dair sorunları konuşabilmek için öncelikle çiftin evlilik bütünlüğüne yürekten sahip çıkması ve devam kararı alması gerekiyordu.

Sadakatsizlik bazen bir heyecan olarak görülür. Rutinden sıkılan ya da evliliğinde heyecan bulamayan kişi için gizli bir iş yapıyor olmak heyecan vericidir. Oysa aynı heyecanı eşiyle yakalamak için çaba sarf etmek daha akılcı ve ahlaklı bir davranıştır. Bazen de eşinin yıllar önce kendisine yaptığı kötü davranışların âdeta bir intikamı için eşler aldatmaya yönelir. Böylesi durumlarda amaç cinsel hazdan öte kendine acı çektiren eşine misilleme yapabilmektir.

Sebebi her ne olursa olsun sadakatsiz bir eşimiz varsa yapmamız gereken ilk şey o evliliği devam ettirip ettirmeyeceğimize karar vermektir. Bu noktada kendimize şu soruları sorabiliriz?

- Eşime tekrar güvenebilir miyim?
- Onu affedebilir miyim?

- İlişkimizi bu noktaya getiren sebepler nedir?
- Bu sürekli devam eden bir patoloji mi? Bir kerelik kabul edilmiş bir hata mı?
- Evliliğimi devam ettirmeyi seçiyorsam bu olayı unutmaya razı ve hazır mıyım?

Tüm bu sorulara verdiğimiz cevaplar eşimizin sadakatsizliğiyle nasıl yaşayacağımızı belirlemek adına oldukça önemlidir. Nitekim bu bir patoloji olarak sürekli devam ediyorsa o ilişkiyi noktalamak daha doğru olabilecekken, bir hata olduğunu düşünüyorsak yeni bir şans verme yönünde düşünmemiz ehven olabilecektir. Tabii kararımızın rengi eşimizin tutumları, pişmanlığı, güven vermesi gibi pek çok değişkenle belirlenir.

Eşimiz sadakatsizlik yaptı ve biz onu affetmeye karar verdiysek, o zaman o defteri kapatmak ilişkimizin yararına olur. Suçlayıcı, iğneleyici, aşağılayıcı, geçmişi tekraren hatırlatan tutumlar ilişkimizde açtığımız yeni sayfayı kirletecektir. Bu nedenle kararımızı vermeden önce iyice düşünmek ve baş edemediğimiz duygularımız varsa bir uzman desteği almak faydalı olacaktır.

Sadakatsiz bir eşle nasıl yaşanır?

- Eğer eşiniz bunu bir hak olarak görüyor ve duygularınızı önemsemiyorsa ayrılma seçeneğini gözden geçirin.
- Evliliğinize devam edip etmemek konusunda iyice düşünün ve duygularınızı detaylıca değerlendirin.
- Evliliğinize bir şans verdiyseniz geçmişi bugüne taşımadan yolunuza devam edin.
- Eşinize yeniden güvenmek için kendinize zaman tanıyın, eşinizden bu yönde destek talep edin. ("Sana yeniden güvenmem için bana yardımcı ol.")
- Kendinizi kurban gibi görmeyin, ilişkinizi bir yetişkin gibi gözden geçirin.
- İlişkinizde neden sadakat sorunu olduğunu eşinizle değerlendirin, sebeplerini araştırın ve karşılıklı değişime destek verin.

Eşim beni aldattı! Onu nasıl affederim?

Konu sadakatsizlik olunca affetme başlığı muhakkak gündemimize girer. Nitekim eşimizi gerçekten affetmeden evliliği sağlıklı devam ettirebilmek mümkün değildir. Bu durumu yaşayan çoğu danışanımız eşini affetmek istediğinden fakat duygu dünyasında bunu bir türlü hissedemediğinden söz eder. Haklıdırlar, çünkü dil ile söylemek ile kalpten hissetmek çok farklı şeylerdir. Bu noktada gelin affetmenin sağlıklı adımlarını konuşalım.

a. Eşimizi anlıyor muyuz?

Bir duygu durumunun içselleşebilmesi için önce karşı tarafı anlamak gerekir. Bu, insan olduğunun, bir nefis taşıdığının, hata yapabilirliğinin kabulü ile onu dinlemeyi içeren bir süreçtir. Eşimizin baş edemediği, yönetemediği duyguları ve dürtülerini görebiliriz. Bu noktada "Hiç kimse sınanmadığı bir günahın masumu değildir." sözünden hareketle, eşimizin düştüğü ve kaybettiği imtihana daha anlamaya çalışan bir noktadan bakabiliriz.

b. İçimizden gelerek affediyor muyuz?

Bazen evliliği devam ettirme isteğimiz sevgiden değil de mecburiyetlerden olur. Ya da en azından öyle olduğunu düşünür, ona göre davranırız. Eşimizi gerçekten affetmesek de, "Boşansam ne yaparım?" endişesi ile ilişkide kalmaya karar veririz. Bu, affetmek değildir, boyun eğmektir ve bize acı verir, öz saygımızı zedeler. Eğer evliliğimize devam kararı almışsak, bu kararın gerçek bir affedişle ve sevgi motivasyonu ile olması önemlidir.

c. Bağışlama yolculuğuna hazır mıyız?

Eşimizi bağışlamak ağızdan bir kere çıkan ve olup biten bir an değildir, bir yolculuktur. Zira güvenimiz sarsılmıştır ve yeniden inşa olmasına ihtiyacımız vardır. Bu noktada bağışlama yolculuğunun duraklarına uğrayarak ilişkimize dair güveni yenileyecek niyete girmemiz gerekir.

Bağışlama yolculuğunun durakları

- ***Kapanış ritüeli:*** Zedelenmiş bir ilişkiyi tamir ederken, konuyu etraflıca konuşup tüm duyguları boşalttıktan sonra aynı konuyu tekrar tekrar açmamak önemlidir. Bunun için her şeyi konuştuğumuza emin olmamız ve sonrasında eşimizle birlikte bir kapanış ritüeli yapmamız bize yardımcı olur. Kapanış ritüeli ortak edilen yeminlerden, olaya dair tüm duygularımızı yazdığımız ve beraberce yaktığımız mektuplardan ya da olayı hatırlatan resimlerin yakılıp küllerinin birlikte savrulmasından oluşabilir. Önemli olan bu olayı geçmişte bıraktığınızı sembolize eden size özel bir ritüeldir.

- ***Yakınlık arayışı:*** Bu süreç hayatımız için yeni bir sayfa ise, bu sayfayı nasıl dolduracağımız, öncesine göre neleri farklı yapacağımız, karşılıklı isteklerimizin ne olduğu konuları konuşulmalı ve yakınlık kurabilmek adına alınan kararlar beraberce uygulanmalıdır.

- ***Olumlu değerlendirme:*** İnsan bir konuda kırılır ve güvenini kaybederse, beyni onu olumsuzu seçip gösterme konusunda hassaslaştığı bir sürece sokar. Oysa yeniden başlama kararı hassas bir dönemdir. Bu süreçte her iki insanın da evliliklerine sahip çıktığını göstermeye gayret etmesi ve olumlu gelişmeleri tebrik ederek desteklemesi, bağışlama yolculuğunun önemli bir şubesidir.

10. İlgisiz Bir Eşle Yaşamak

Kadir işten eve döndüğünde tüm akşam telefonla konuşuyor, köşe minderi gibi televizyon izliyor.

Mehmet'in üç çocuğu var ve okullarını ve kaçıncı sınıfa gittiklerini bilmiyor. Her şeyle eşi ilgileniyor.

Nur hiç yemek sofrası kurmuyor, kahvaltı hazırlamıyor. Perihan eşine kapıyı açmak için dahi televizyonun başından kalkmıyor. Sanki tüm dünyası çocukları, arkadaşları ve kadın programları...

Tüm bu kişilerin ortak şeması, eşlerine karşı *ilgisiz olmaları...*

"Benim eşim çok ilgisiz." cümlesi sanıyorum biz aile danışmanlarının en çok duyduğu cümlelerden bir tanesi. Bu cümleyi genellikle kadınlar kullanıyor gibi bir algı varsa da aslında hanımının ilgisizliğinden dert yanan beylerin sayısı hiç de az değil. Peki nedir bu tanımlanan ilgisizlik hâli?

İlgisiz bir eşten şu cümleleri duyabilirsiniz:

- "Yeter ya! Sürekli dırdır ediyorsun!"
- "Ne var ki, işten eve evden işe gidiyorum."
- "Ben gelemem sen kendin hallet!"
- "Çocuğun ağlıyor, sustur şunu!"
- "Bi rahat bırak yaa, bıktım konuşmandan!"

İnsanın en temel ihtiyaçlarından biri, görülmek ve duyulmak ihtiyacıdır. Zira insan ihtiyaçlı yaratılmıştır. İhtiyaçlarının diğerleri tarafından görülüp duyulmasına muhtaçtır. Bununla birlikte bazı kişiler –belki kendilerini de görüp duymayı bilmediklerinden– bir diğerinin bu ihtiyaçlarına kayıtsız kalabilirler. İşte biz bu hâli dile getirirken, "Eşim benim varlığımı görmüyor, duygularımı, düşüncelerimi duymuyor." demeyiz de, "Eşim çok ilgisiz." deriz.

İlgi, sözlük tanımıyla, belirli bir olay, etkinlik veya kişiye yakınlık duyma, ondan hoşlanma ve ona öncelik tanıma anlamları taşır. Erich Fromm'un tanımıyla ise ilgi, bir ilişkiyi yaşatmak ve büyütmek için gösterdiğimiz çabadır. İlgi, ilişkilerin o denli önemli bir bileşenidir ki, eşlerden birinin ilgisizliği diğeri tarafından şahsına karşı ortaya konmuş bir boş vermişlik olarak algılanır.

Eşimize ilgi gösterebilmek için onun *ilgi* olarak tanımladığı eylemleri bilmemiz gerekir. Bu nedenle biz danışmanlar, "Eşim çok ilgisiz." diyen kişilere ilk olarak, "Eşiniz ne yaparsa onu ilgili bir eş olarak tanımlarsınız?" diye sorarız. Böylelikle, beklentisi ve anlamı kişiden kişiye değişebilecek soyut bir kavramı elle tutulup gözle görünen somut bir eylem planına dönüştürmüş oluruz.

Bir kadının veya erkeğin ilgisizliğinin altında farklı psikolojik süreçler yatabilir. Örneğin kişi yakın ilişki kurmayı bilmiyor, ilgili davranmayı kılıbıklık/hafiflik sayıyor, evlilik kurumuna emek vermesi gerektiğini kavrayamıyor ya da basitçe bir ilişki için gayret göstermek istemiyor, tembel davranıyor olabilir. Ama neden ne olursa olsun ilgisiz bir eşle yaşamak kolay değildir.

Eğer eşimiz kronik bir ilgisizlik hâlindeyse, ilk adım olarak bu konuyla ilgili şikâyetimizi ve taleplerimizi dile getirebiliriz. Lakin şikâyeti dile getirmek demek sürekli dırdır etmek demek değildir. Eşimizin ve bizim müsait olduğumuz, baş başa, yalnız ve sakin kalabileceğimiz bir an ve ortam oluşturup ciddi bir konuşma için eşimizle randevulaşmak demektir. Bu buluşma sırasında, "Sen çok ilgisizsin." gibi genel ve soyut suçlamalardan kaçınarak, bir kâğıt kalemle daha etken ilgi beklediğimiz alanları somutlaştırarak, bu alanlarda neyi eksik bulduğumuzu ve nasıl olmasını istediğimizi eşimize açık ve net bir dille ifade ederek konuyu açıklamamız gerekir.

"Bir kadın olarak, eşin ve hayat arkadaşın olarak akşam işten döndüğünde tüm geceyi televizyon başında geçirmen beni üzüyor. Her akşam çocukların uyuduğu 21.00-22.00 saatleri arasında seninle baş başa vakit geçirmeye ihtiyacım var. Bu sürede beraber televizyon izleyebilir, sohbet edebilir, ortak keyif aldığımız bir şeyler bulabiliriz..."

"Yan yana oturduğumuzda elimi tutarsan ya da bana sarılırsan, o an konuşmasak bile benimle ilgilendiğini hissederim..."

"İşten eve döndüğümde sofrayı özenle hazırlanmış bulursam benim için özendiğini hissederim. Bu bana iyi gelir."

"Cinsel konularda sana yaklaştığımda bana karşılık vermediğinde kırılıyorum, kendimi reddedilmiş hissediyorum. Bu konuda daha ilgili olmana ihtiyacım var..."

Açık iletişimimize ve kendimizi net ifade etmemize rağmen eşimiz harekete geçmiyorsa bir yol ayrımına gelmişiz demektir. Bu noktada evliliğimizi devam ettirmeyi seçiyorsak, eşimizin ilgisiz tutumlarının bize zarar vermemesi için ondan bir şeyler beklemekten uzaklaşmamız gerekir. Nitekim beklemek demek, bulamadığımızda hüsrana uğramak demektir. Bu iki kere yıkıcıdır. Odağımıza eşimizin bizimle ilgilenip ilgilenmediği gündemini alıp kendimizi yormaktansa, kendimize iyi gelecek iç gündemler oluşturup duygusal ayrışma sürecine giderek psikolojik sağlığımızı korumamız mümkündür.

İlgisiz bir eşle nasıl yaşanır?

- 'İlgi' kavramının sizin için ne ifade ettiğini düşünerek yazın, somutlaştırın.
- Eşinizden beklentileriniz hayat gerçeğinizle uyumlu mu? Örneğin vardiyalı çalışan, çoğunlukla gece evde olmayan bir eşiniz varsa akşamları birlikte vakit geçirme beklentisi anlamlı olmayacaktır.
- İlişkiniz için ihtiyaç duyduğunuz konuları maddeler hâlinde yazın.
- Çocuklar ya da iş güç ile bölünmeyeceğiniz bir ortam ve zaman ayarlayıp eşinizle ciddi bir konuşma yapın.
- İstekleriniz konusunda net, açık ve kararlı olun.

Diğer Zor Eşler ve Öneriler

Kitabın bu bölümünde danışmanlık seyrimde en çok karşılaştığım sorunlardan ve çözüm önerilerinden bahsetmeye çalıştım lakin kişilik bozukluklarını ele almadım. Zira bir patoloji kişilik bozukluğuna dönüştüğünde bazen tedavi edilemeyen ve ömür boyu danışmanlık desteği gerektiren zor süreçler ortaya çıkar. Bazı bozukluklar –örneğin şizofreni, bipolar bozukluk gibi– ilaç kullanımı gerektirir. Dolayısıyla böyle bir durumu yaşıyorsak, eşimize tıbbi destek alması konusunda kararlı bir duruş sergilememiz gerekecektir.

Bununla birlikte sağlıklı insanların da zor tarafları vardır. Eşimiz hiçbir patolojik bozukluğu olmamasına rağmen hırslı, tembel, inatçı, sorumluluk duygusu gelişmemiş, nezaketsiz, argo konuşan, küfürbaz vb. olduğu için ya da hayattan ve ilişkiden beklentimiz bazı noktalarda uyuşmadığı için de evlilik zorlaşabilir. Böylesi durumlarda bazı temel duruşlar sergilemek hem eşimize hem de evliliğimize yardımcı olur.

a. Zorluğu Fark Etmek

Ruh sağlığı çalışanları patolojiyle çalıştıkları kadar patolojinin mağdur ettiği diğer insanlarla da çalışırlar. Kuşkucu bir erkeğin mağduru olan kadın, mükemmeliyetçi annenin çocukları, içe kapanık patronun çalışanları ve onlarca patolojinin dokunduğu diğer insanlar potansiyel birer hastadır çünkü bir tıp deyişi olarak söylendiği gibi, "Hasta olmak zordur ama hasta yakını olmak daha zordur!"

Eğer zorlukları olan bir eşimiz varsa, evliliğimiz için atabileceğimiz en doğru adım bu zorluğun *işlevsellik kazanmasını engellemektir.* Öfke kontrol bozukluğu olan eşle, "Aman şimdi öfkelenmesin." diye her şeyi alttan almak; mükemmeliyetçi eşin mükemmel şemasına uygun davranmak için yıpranmak; kuşkucu eşe sürekli suçlu olmadığımızı anlatmaya çalışmak; kaygılı eşin kaygısına, narsist eşin büyüklenmesine uyum sağlamak tüm bu patolojileri kişi için işlevsel hâle getirir ve bir yaşam formu olma durumunu pekiştirir. Eşimiz şöyle hissetmeye başlar: "Beni öfkeli, kaygılı, narsist, kuşkucu... vs. hâlimle seviyor!" Oysa hissetmesi gereken şey şudur: "Beni bu özelliğime *rağmen* seviyor. Zira bu özelliğim bir patoloji!"

Bunu yapabilmek patolojiyle savaşmak değildir, kendi duygusal (ve fiziksel) sınırlarımızı korumaktır. Eşimizin öfkeli olması her aklına estiğinde bize ağzına geleni söyleyebileceği anlamına gelmez. Kimsenin böyle bir hakkı yoktur. Böylesi bir ortam oluştuğunda orayı terk etmek, öfkesi yatışınca tavrımızı belli etmek eşimizin öfke kontrolü konusunda adım atması için itici kuvvet olacaktır.

b. Zorluğu Kabul Etmek

Zor bir eşle yaşarken içimizden geçen temel düşünce, "Neden düzelmiyor?" ya da "Neden bunun için gayret etmiyor?" olur. Eşimizin sahip olduğu patolojiyi fark etmesini ve en kısa sürede düzelmesini isteriz. Oysa değişim kolay değildir. Patolojik kişiler için hiç kolay değildir.

Hayatımızın herhangi bir döneminde glütensiz beslenmeye, Karatay diyeti yapmaya ya da su orucu tutmaya niyet etmişizdir. Sadece beslenme düzenimizde yapmak istediğimiz ufacık değişimlerin bile ne denli zahmetli olduğunu ve ne kadar çok enerji gerektirdiğini fark etmişizdir. Zira basit bir davranış değişiminde dahi dönüşüm zor ve meşakkatlidir. Uzun zaman ve emek gerektirir.

Konu eşimizin patolojisi olunca, bu zorluk iki katına çıkar. Zira psikolojik bir zorluk yaşayan kişi için bu durum onun normalidir. Çoğu zaman eşimiz bir patoloji yaşadığının farkında değildir. Ona göre böyle olmasının oldukça haklı sebepleri vardır. Takıntılı olan kişi, bu takıntısı sayesinde hayatının düzenli gittiğini düşünebilir. Kuşkucu kişi, olabilecek tüm olumsuz durumları önceden sezip görebildiği için incinmekten kurtulduğunu varsayabilir. Mükemmeliyetçi kişi, kendini ve çevresini paralıyor oluşunu başarılı bir hayatın olmazsa olmazı olarak kabul edebilir. Kaygılı kişi, tehlikelere dair önlem aldığını düşünebilir. Yani kişi kendinde var olan patolojiyi normal, hatta gerekli görebilir. Bu nedenle onu fark edip iyileşmeye gayret etmesi oldukça zorlaşabilir.

İlaveten, psikolojik rahatsızlıkların zaman içinde kimliğimize işleyen, etiket gibi üzerimize yapışan bir yönü de vardır. Çoğu patoloji çocukluk çağında çevrenin etkisiyle kök salmaya başlar. Her psikolojik çatırdamanın ebeveyn tutumlarıyla ilişkili bir öğrenme boyutu mevcuttur. Dolayısıyla bir patolojiyi değiştirmek, herhangi bir davranışımızı değiştirmek gibi algılanmamalıdır. Eşimizin var olan zor taraflarını iyileşebilecek, fakat iyileşmesi uzun zaman alacak bir rahatsızlık gibi düşünmek patolojiyi kabullenme sürecinde bize yardımcı olacaktır.

c. Zorlukla Yaşamayı Öğrenmek

Zor bir eşle yaşayan kişiler en az eşin ortaya koyduğu o zor davranışlar kadar o davranışları içselleştirdikleri için de zorluk yaşarlar. Buna, *patolojik içsel kabul* denir.

Kuşkucu bir eş, eşini suçlamaya meyillidir, bu durum eşin gerçekten suçlu olmasıyla ya da suç sayılacak bir tutumda bulunmasıyla değil, kuşkucu kişinin kendi zihni yapılanmasıyla ilgilidir. Suçlama eğilimi, suçlayan eşin kendi hayat motifidir.

Narsist bir eş doğal olarak eşini değersizleştirmeye yönlenir. Bu bizim değersiz oluşumuzla ilgili değil, narsist kişinin bizi değersizleştirerek kendini değerli hissetmeye ihtiyaç duymasıyla ilgilidir.

Depresif kişi bardağın boş tarafını görecek, kaygılı kişi güven alanından çıkmak istemeyecek, mükemmeliyetçi kişi bize hep eksik yanlarımızı gösterecektir. Tüm bunları içselleştirdiğimiz an, zarar görmeye başladığımız andır. Zira zorluklarla yaşamanın en önemli şartı patolojik içsel kabulden uzak durmak, eşimizin tüm bu tutumlarının bizimle değil kendisiyle ilgili olduğunun farkına varmaktır. Buna, *pozitif ayrışmış benlik* denir. Psikolojik bozukluğu olan bir eşle ilişkimiz yürümüyor, bize zarar veriyorsa ayrılmak bir çözüm olabileceği gibi, ayrılmayı seçmediğimiz durumlarda pozitif ayrışmış bir benlik hâline sahip olmak zararı azaltacak, ilişkiden keyif almamızın önünü açmaya başlayacaktır. İşte bu, *zor bir eşle yaşama sanatıdır.*

Kendi Zorluklarımızın Farkında Olmak

İnsanın en zayıf yönlerinden biri, kendine olabildiğince kör olmasıdır. Dikiz aynalarının ardımızdan gelen arabaları gayet net gösterirken kendi arabamızı gösteremiyor olması gibi, insan da başkalarındaki olumsuz hâlleri seçme ustası olduğu hâlde kendindeki arızaları o denli kolay fark edemez. Bu nedenle güzel Peygamberimiz (s.a.v.), "İnsan insanın aynasıdır." der. Aynalanmaya muhtaç farkındalığımızı işaret eder.

Bu noktada diyebiliriz ki, evliliğin önemli şubelerinden biri, kendi zorluklarımızın da farkında olmaktır. Kimse sütten çıkmış ak kaşık, hatasız günahsız melaike değildir. Eşimizin bize geçimsiz ya da zor gelen tarafları olduğu gibi, muhakkak bizim de geçimsiz ve zor yanlarımız vardır.

Geçimsiz yanlarımızın farkında olmak sadece onları değiştirmek için değil, eşimizden bu zaaflarımızı yönetmek konusunda destek istememiz için de oldukça önemlidir.

Saadet, buyurgan tavırları olan bir kadındı. Eleştirel bir annenin çocuğu olarak dili emir vermeye ve eleştirmeye otomatik olarak kayıyordu.

Eleştiri konusunda hassaslaştığı için de eşi bu konuda onu uyardığında ağlayarak ya da bağırarak kendince kendini ezdirmemeye çalışıyordu. Hilmi ise sık sık pasif agresif tutumlar sergilerdi. Eşine kızdığında onun isteklerini yapmayarak, surat asarak, konuşmayarak onu cezalandırırdı. Zira o da çocukluğunda ebeveynlerinin öfkesini cezalandırılmak, yok sayılmak, küsülmek olarak deneyimlemişti. Saadet ve Hilmi, evliliklerindeki problemlerden bahsederken çocukluklarına dair bu şemaları yavaş yavaş görmeye başladılar. Her ikisi de zor taraflarını kabul edecek, sorumluluğunu alacak kıvama geldiklerinde ise ortak kodlar belirledik. Nitekim uzunca bir süre bu zor tutumlarını mantığa bürümüşler ve "Böyle davranıyorum ama sebebi şu, senin yüzünden, o öyle yapmasa ben şöyle yapmazdım." tarzında savunma cümleleri kurmaya alışmışlardı. Bu hâllerinden vazgeçince değişim de başlamış oldu. Ne zaman Saadet buyurgan, emir verici ve eleştirel bir tonda konuşmaya başlasa Hilmi ona sarılıyor ya da elini tutuyor, "Canım buradan çıkalım, kırıcı oluyor." diye onu uyarıyordu. Aynı şekilde Hilmi pasif agresif tutumlara girdiğinde Saadet nazikçe, "Buradan çıkalım, konuşarak hâlledelim." diye eşini uyarıyordu. Böylece birbirlerine zor taraflarının yönetiminde de eşlik etmeye başladılar.

"Küsmek ve darılmak için bahaneler aramak yerine, sevmek ve sevilmek için çareler arayın."

—Hz. Mevlâna

Dördüncü Bölüm

İyileşen Cinsel Hayatım, İyileşen Evliliğim

'İyileşen Evliliğim' diyebilmek için, önce 'İyileşen Cinselliğim' diyelim

"Sevgi duygusunun, yapısı gereği tek insanla sınırlı kalmama özelliği vardır. Bir anne çocuğunu severken tüm çocukları sever. Bir insan kardeşini sever gibi, kardeş gördüklerini de sever. Bunun tek istisnası cinsel sevgidir. Cinsel sevgi sadece tek bir kişiye yönelik var edilmiştir, eşimize..."

—Erich Fromm

Evlilik sosyal, psikolojik, biyolojik, hukuksal ve cinsel süreçleri olan bir kurumdur. Eğer evlilik kurumundan bahsediyorsak, cinsellik başlığını ele almamak süreci anlamakta büyük eksikler bırakır. Lakin ne yazık ki toplumumuzda cinsellik öyle büyük bir tabu olarak görülüyor ki, bırakın bir uzmanın konudan bahsetmesini, birbirinin helali olan çiftler dahi bu konu hakkında konuşamıyor, taleplerini ve isteklerini dile getiremiyorlar. Cinsellik, eşittir ayıp/günah, o da eşittir suçluluk ve utanç gibi hissediliyor.

Oysa yaşamsal bir faaliyet olması ve eşler arasında ilişkiyi güçlendirmesi ve paylaşımı artırması açısından cinsellik fazlaca önem arz eden bir durumdur. Evlilik uyumu üzerinde yapılan araştırmaların çoğundan çıkan sonuç, cinsel hayatında mutlu olan kişilerin yaşam memnuniyetlerinin diğer bireylere nazaran çok daha yüksek olduğudur. Tam tersi noktada karı koca arasında ortaya çıkan pek çok problemin kaynağında ise doğru kullanılamamış libidinal enerji vardır. Cinsel hayat ne kadar sağlıklı ise evlilik de o denli sağlıklı olur.

Cinsel olgunluğun oluşum sürecini Sigmund Freud *Psikoseksüel gelişim kuramında* adım adım ifade eder. Cinsel olgunluk süreci, *'libido'* diye ifade edilen *yaşam enerjisinin* biyolojik ve psikolojik geçişleri ile şekillenir. Buradan yola çıkarak diyebiliriz ki, cinsel enerji âdeta bir yakıt gibi kişinin yaşam enerjisini inşa eder. Zaten yapılan pek çok bilimsel araştırma cinsel enerjisi sağlıklı işleyen insanların yaşam enerjisi ve yaşam doyumu arasında anlamlı bir ilişki bulmuştur.

Dünyaya yeni gelen bebek 0-1,5 yaş arasında dünyaya ağzı ile tutunur. Anne memesini emer, parmağını emer, eline aldığı nesneleri tanımak için ağzına götürür. *Oral dönem* olarak adlandırılan bu süreçte libinal enerji (cinsel/yaşamsal enerji) ağızdadır. Bu dönemde yaşanılan sağlıksız süreçler bireyin yetişkinlik yıllarında oral enerjisini yanlış yönlendireceği patolojiler ortaya çıkarır. Sigara bağımlılığı, yeme bozuklukları, tırnak ve saç yeme gibi patolojilerin altında çoğunlukla oral dönem fiksasyonu yatar. Bu nedenle bu süreçteki bir bebeği yanlış ve yıkıcı tutumlarla memeden kesmek (acı şeyler ya da salça sürerek, korkutarak vs.), ağzına götürdüğü her şeyi, "Bırak, kirli, pis" gibi sözlerle engellemek ve yaşamı tanımasına izin vermemek libidinal enerjinin bloke olmasına neden olabilecektir.

Bebek 1,5 yaşına geldiğinde büzgen kaslarını ve mesanesini kontrol edebilmeye başlar. Tuvalet eğitimi dönemi gelmiş, libidinal enerji anüs bölgesine geçmiştir. 3 yaşına değin bebek kas kontrolü sağlamak için anüs ve çevresine odaklanacak, yaşam enerjisini bu alana yoğunlaştıracaktır. Tuvalet eğitimi bebeğin ilk kontrol alanıdır. Doğduğundan beri yaşamsal tüm ihtiyaçları annesi tarafından karşılanıyorken, ilk defa bir ihtiyacında kendisi tutup bırakmaktadır. Annesi artık etken değil, yardımcıdır. Sürece etki eden kişi kendisi olmuştur. Böylelikle bu süreçte libidinal enerjinin kontrol edilmesi öğrenilmeye başlanır. Çocuk kendi tutup, yine kendi iradesiyle bıraktıkça otokontrolü ve bedensel işaretlerine dikkat kesilmeyi öğrenir. Bu süreçte zorlanarak, dövülerek, cezalandırılarak tuvalet eğitimi alan kişiler yetişkinlik yıllarında bedensel duyumların psikolojik olarak acı verdiğine inandıkları bir şema oluştururlar. Cinsel deneyimlerini suçluluk, kaygı gibi duygularla yaşarlar. Yine tuvalet eğitimi sürecinde, "Yine altına yapmış, pis çocuk!" gibi cümlelerle utandırılmanın sonucunu bedensel süreçlerin pisliği, kirliliği ve utancı olarak deneyimlemeye yatkın olurlar.

3-5 yaş arası libidinal enerji genital bölgelere kayar ve çocuğun cinsiyet merakı uyanır. Kız çocuklar erkekleri, erkek çocuklar kızları hiçbir cinsel haz duymadan, sadece kendinden farklı bir vücudun merakı olarak keşfetmeye meyleder. Nitekim kızların, "Ben babamla evleneceğim." demeye, erkeklerin annesini babasından kıskanmaya başladığı dönem bu dönemdir. Okul öncesi dönem mastürbasyonu genellikle bu dönemde ortaya çıkar. Artık bezden çıkmış ve yaşam enerjisi genital organına kaymış çocuk hem kendi bedenini hem de karşı cinsi keşfetmek konusunda yoğun bir enerji duyar. Bu süreçte çocuğu ayıplamak, sapkınlıkla suçlamak, merakına cinsel anlamlar yükleyip utandırmak cinsellik kavramını utanç duygusuyla eşleştiren bir zemin oluşturacaktır.

5 yaş sonrası libidinal enerji işlemlenmeye başlar. Çocuk gizil döneme girerek yaşam enerjisini sosyal çevresine yöneltir. Bu süreçte cinsel gelişim yerini sosyal gelişime devreder. Ta ki 11-12 yaşlarda başlayacak *genital döneme* kadar.

Genital dönem, ergenliğin giriş kapısıdır. Libido yine genital organlardadır. Lakin 3-5 yaş arasında yaşanan ödipal dönemden farklı olarak artık cinsel haz ve doyum arayışı azar azar hissedilmeye başlanır. Çocuk yeniden genital organına yönelir. Bu yönelim, içinde merak barındırdığı kadar haz arayışı da barındırır. Ergenlik dönemi biyolojik ve psikolojik olarak başlamıştır artık. Bu dönemde çocuğun var olan doğal merakını bir yetişkinin sağlıklı bir şekilde gidermesi, onunla adaba ve edebe uygun bir biçimde konuşması, bilgi vermesi elzemdir. Nitekim bedeninde ve duygularında hızlı değişimler yaşayan, karşı cinse cinsel bir çekim hissetmeye başlayan çocuk yeniden utanç duygusuyla yüz yüze olacaktır. Cinsel konular ailede edebe aykırı bir tabu gibi yaşanıyorsa, çocuk hissettiği duygular nedeniyle kendini kirli, pis ve suçlu sayacak, bu durum ileride yaşayacağı evlilik ilişkisini negatif etkileyen kötü bir kodlama inşa etmeye başlayacaktır. Tüm bu psikoseksüel süreçler adım adım, sağlıkla inşa edildiğinde ise ergenlik döneminin bittiği yirmili yaşlarda birey sağlıklı bir cinsel hayata adım atmış olur.

Libidinal enerjinin adımlarını okurken hepimizin fark ettiği şey, bu süreçleri doğru yönetemiyor oluşumuzdur sanırım. Çok sağlıksız yöntemlerle çocuğu memeden keserek ya da merak duygusunun, "Onu elleme, bunu alma, ağzına koyma" diye önünü keserek, tuvalet eğitimi döneminde çocuğu korkutup utandırarak ya da baskı kurup hükmederek, ödipal dönemde 'ayıp, yasak' kelimelerini cömertçe sunarak, gizil dönemde sosyalleşmesinin önüne geçip zorla evde tutarak, arkadaşlarıyla sık sık görüşeceği ortamlar sunmayarak, genital dönemde cinsel keşiflerini 'ayıp, günah'larla baskılayarak, merakını ve sorularını geçiştirerek yaşam enerjisini baştan kaybediyoruz. Cinselliğimizi sağlıkla inkişaf ettiremiyoruz. Evlilikte yaşayacağımız cinsel hayat enerjimizi daha bebeklikten adım adım yitiriyoruz.

Tabii bir de işin öğrenme süreci var, biraz da buradan bahsedelim.

Skinner'ın, Pavlov'un, Watson'un zeminini inşa ettiği öğrenme kuramlarına göre bizler hayatı *pekiştireçlerle* öğreniyoruz. Basitçe, bir davranışta bulunduğumuzda toplum bu davranışı onayladığını ifade ediyor, bize bunu hissettiriyorsa o davranışı benimsiyoruz ve yapmaya devam ediyoruz. Buna *pozitif pekiştireçler* deniyor. Ödüller, övgüler, alkışlar, tebrikler, hediyeler hep birer pozitif pekiştireç bizim için. Bir de cezalar var. Bunlar da bir davranış sonucunda toplumun bize yönelttiği 'cık cık cık'lar, ayıplamalar, dayaklar, kısıtlamalar, mahrum bırakmalar, yani *negatif pekiştireçler* olarak karşımıza çıkıyor. Bunlardan da kaçınıyoruz.

Peki, doğumumuzdan itibaren cinsellikle ilgili neler öğreniyoruz? Hangi pekiştireçleri alıyoruz? Gelin birlikte düşünelim...

Kadın Cinsiyeti ve Cinselliği

Cinsellik konusunda öğrenmelerimizi incelerken konuyu önce iki cinsiyete ayırmak gerekir. Zira toplumumuzda bir kadının öğrenmesiyle, bir erkeğin öğrenmeleri oldukça farklıdır.

Bir kız çocuğu –ne yazık ki hâlâ pek çok yöremizde– istenen, beklenen, sevinçle karşılan bir insan olarak başlamaz hayata. Nesilden nesle aktarılan cinsiyete yönelik bu istenmeyen kişi olma hâli kadının kendini, bedenini, kadınlıkla ilgili rollerini –ki cinsel hayat bunlardan biridir– sevmemesi, benimsememesi, uzak durması olarak şekillenir. Üç kadından birinde cinsel isteksizlik olması, Türkiye'de cinsel sorunları saptamak amacıyla yapılan toplumsal bir taramada kadınların %54'ünün ilk birleşme denemesinde korku, acı hissi ve kaçınma davranışı tanımlaması ve cinsel birleşmenin bu nedenlerle gerçekleşmediğini söylemesi, bu kadınların %17'sinin hâlen cinsel ilişki yaşayamaması ya da yaşarken sorunlar tanımlaması ve ülkemizde cinsel tedavi merkezlerine vajinismus nedeniyle başvuran hastaların oranının %43-73 arasında tespit edilmesi sanıyorum çok şaşırdığımız oranlar değildir. İstenmeyen, beklenmeyen, varlığından mutluluk duyulmayan kız çocuğu, nihayetinde kendini ve rollerini sevmeyen, bu roller üzerinde yaşam enerjisi gösteremeyen, hastalıklar yaşayan bir yetişkine dönüşmektedir.

Toplumumuzdaki kadınlar gönül dolusu, "İyi ki kadın olarak yaratıldım." diyebildikleri gün pek çok şey değişmeye başlayacak...

Kız çocuklarının cinsellikle ilgili öğrenmeleri doğumla sınırlı değildir elbette. Ağız dolusu gülen bir çocuğa, "Ne o öyle basit kızlar gibi gülüyorsun", hareketli kızlara, "Kız çocuğu dediğin hanım hanımcık oturur, ne öyle atlayıp zıplamalar", "Kız gibi oturmak, kız gibi davranmak, kız gibi yaşamak" gibi pek çok kısıtlamaya yönelik toplumsal mesaj daha hayatın ilk yıllarında verilmeye başlanır. Elbette cinsiyete uygun gelişim diye bir kavram vardır ve kız gibi kız çocuğu, erkek gibi erkek çocuğu yetiştirmek sağlıklı cinsiyet gelişiminin önemli bir şubesidir. Ve fakat sağlıklı cinsiyet gelişimi kendi bedenini, duygularını, cinsiyetini tanıyabilmek ve sevebilmekle olur. "İyi ki kız/erkek olarak doğdum" duygusunu hissedebilen bir insan kendi cinsiyle barışık bir ömür geçirir. Herhangi bir cinsiyete sahip olmak kişiyi duygusal ve davranışsal anlamda çorak bırakan, kısıtlayan, ayıplanan bir şeye dönüştüğünde bu olsa olsa toplumsal şemaların ne kadar yanlış ilerlediğinin bir işareti olabilir. Bir uzman olarak rahatlıkla söyleyebilirim ki, örneğin çocukluk çağı mastürbasyonu gibi kız erkek fark etmeden sağlıklı gelişen her çocukta bir uyum bozukluğu olarak görülebilecek bir davranış erkek çocuklarda daha kolay kabul edilirken, kız çocuk ebeveynleri bu konudan duydukları rahatsızlığı ve utancı daha fazla dile getirmektedirler. Nitekim kadının cinselliği, haz arayışı ya da cinsiyetini ortaya koyması insanlara utanç verici gelmektedir. Bu nedenledir ki, bir kadın eşiyle sağlıklı bir biçimde cinsel hayatını yaşamaya yönelse, içinde anlam veremediği bir utanç duygusu oluşmaktadır. İşte bu utanç sağlıksız toplum şemalarının nesilden nesle aktarılan yıkıcı bir öğrenmesidir.

Genç kızlığa ulaşmak pek çok kız çocuğu için negatif hatırlanan bir hatıraya dönüşür. Çocukluktan gençliğe ulaşan kız çocuğu, yaşı büyüdükçe özgürlük ve sorumluluk alanı genişlemesi gerekirken, çoğunlukla kısıtlanma ve sakınma alanları içinde bulur kendini. "Artık çocuk değilsin, bunları yapamazsın!" cümlesi erkek çocuklardan ziyade kız çocuklara kullanılır. Kız çocuk korunması, saklanması, gizlenmesi gereken biriymiş gibi davranılır. Kadının fıtraten gizli ve saklı olması bir mücevheri korumak anlamı taşıyorken, toplumsal uygulamada gizleme ve saklama hâli, "El âleme laf söyletme, adımızı kirletme!" gibi negatif telkinlerle şekillenir. Öyle ki, genç kızlık yıllarının bedensel bir nişanesi olan göğüslerin tomurcuklanması, "Aman kimse fark etmesin!" utancı içinde kızların kambur durarak örtmeye çalıştığı âdeta bir ayıp, bir kusur gibi deneyimlenir.

"Kadına göğsü de omurgayı da veren Allah'tır. Allah omurgayı dik dursun diye yarattığına göre, kadının kambur durarak Allah'ın ona verdiği bedeni eğip bükmesi fıtri bir gereklilik değil, kültürel bir yanlıştır."

—Fatih Reşit Civelekoğlu

Annelik muştusu olan regl dönemi 'kirlenmek' olarak adlandırılır. Hatta bazı yörelerde büluğa ilk defa eren kızların yanağına edepli adaplı olsun diye tokat atılır. Oysa büluğa ermek yüce Mevla'nın kendi esmasıyla adlandırdığı Rahim organının ileride misafir edeceği bebek için temizlenmesi, hazırlanmasıdır. *Kirlilik değil, bilakis temizlik* hâlidir.

Kız çocukları büyürken, pek çok yetişkinin cinsellikle ilgili ettiği sohbete şahitlik eder. Yetişkinlerin kadının cinsel hayatıyla ilgili söylediği sözler bunları işiten çocuk için bir şema, bir öğrenme oluşturacaktır. Bu bağlamda incelediğimizde, *cinsel hayat korkusunun* kadınların yarısından fazlasında görünen bir sorun olduğunu görüyoruz. Bu da bize şunu anlatıyor: Ne yazık ki konuyla ilgili pek de iyi şeyler duyarak büyümüyoruz.

Efsane gibi anlatılan, kimin yaşadığı bilinmeyen, "Bizim bi tanıdığımızın tanıdığı ne yaşamış biliyor musun"la başlayan ve sonu ya hastanede ya morgda biten *ilk gece hikâyeleri* ilmek ilmek 'cinsel hayat kötü, pis, can acıtan bir eylemdir' öğrenmesini dokumaya başlar.

Kız çocuk ebeveynlerinin *erkeklerden* kızlarını koruma (!) yönergeleri daha başlamamış evlilik ilişkisinin temeline dinamit döşer. "Erkekler kullanır", "Erkekler canını acıtır.", "Erkek sadece zevkini düşünür." gibi erkek cinsini düşman gibi gösteren cümleler nedeniyle kadın bedeni kendini eşine kapatmaya başlar; bu kapatma bazen vajinismus gibi bir hastalık olarak bazen de ilişkiden keyif almamak, cinsel soğukluk hissetmek olarak deneyimlenir. Bütün bu süreçler cinselliği kadın için eziyet hâline getirir.

Ne yazık ki konu cinsellik olunca dini düsturlarımız dahi yanlış yorumlanmakta, kültürel motifimize uydurulmaya çalışılmaktadır. Örneğin zina her iki cinsiyet için de haramdır. Oysa birçok yörede sanki yalnızca kadına haram gibi davranılmaktadır. 'Namus cinayeti' dendiğinde hiçbir zaman erkeğin namusu söz konusu edilmemektedir. Erkeğin elinin kiri (!) sayılabilen pek çok eylem, kadın için onur kırıcı, ahlaksızlık ve iffetsizlik olarak görülmektedir. Namusun ve edebin kadına hasredilmesinin en utanç verici âdetlerinden biri, 'çarşaf görme' âdetidir. Pek çok kadın zaten utanç içinde yaşadığı cinsel deneyimini bir de akrabalara arz etmeye mecbur tutularak travmatize edilmektedir.

Güzel Peygamberimizin (s.a.v.):

"Hiçbiriniz eşiyle hayvanlar gibi –sevişmeksizin– cinsî münasebette bulunmasın. Arada bir elçi bulunsun."

Soruldu:

"Ya Resûlallah! Sözünü ettiğiniz elçi nedir?"

"Aşk fısıltıları ve öpüşmedir." *(İhyau Ulûmiddin, K. Nikâh Adâbül–Muâşereti (2/64)*

...mealinde hadis-i şerifleri bulunmasına, erkeğin bakmakla, kadının dokunmakla ilişkiye hazır olacağını ifade ederek cinsellikte romantizmin ve ön sevişmenin –özellikle kadının cinsel haklarını korumak için– gerekli oluşuna vurgu yapılmasına karşın hâlâ toplumumuzda cinsellik erkeğin hakkı, kadının sorumluluğudur şeklinde anlaşılmaktadır. Oysa cinsel hayat başlığında kadının erkeğe, erkeğin de kadına üstünlüğü ve önceliği yoktur. Yüce Mevla'nın buyurduğu gibi: *"Erkeklerin kadınlar üzerinde hakları olduğu gibi, kadınların da erkekler üzerinde hakları vardır." (Bakara:228)*

Gamze ve Yiğit'in adını koyamadıkları öfkeleri ve hırçınlıkları vardı. Seanslara başladığımızda her ikisi de incir çekirdeğini doldurmayacak konularda tartışıyor, seanslarda dahi bu hırçın yönlerini ortaya koyuyorlardı.

Belli iletişim teknikleri çalışmamıza, ev ödevlerinde mutabık kalmamıza rağmen ilk seanslarda bir ilerleme kaydedememiştik. Üstelik konuşup karar verdiğimiz konularda bir türlü harekete geçemiyorlar, ağızlarıyla "Tamam" diyor ama davranışlarıyla destekleyemiyorlardı. Beşinci seansa geldiğimizde, daha ilk görüşmemizde, "Normal, bir sorun yok." diye ifade ettikleri cinsel hayatlarını yeniden sordum. "İlk seansımızda cinsel hayatınız için normal demiştiniz, normali tanımlar mısınız?" dedim. Tam bu noktada oluşan buz gibi sessizliği Gamze'nin gözyaşları bozdu:

"Hatice Hanım, eşim cinsel sorunlar yaşıyor. Evliliğimizin ilk gününden itibaren devam ediyor bu sorunlar. Şimdi bana kızacak ama artık dayanamıyorum, konuşmak istiyorum."

Gamze'nin bu çıkışı Yiğit'i huzursuz etmişti. Rahatlayabilmesi adına evliliklerde üç ayrı sistem olduğundan, bu sistemlerinin ilkinin 'kadın', ikincisinin 'erkek', üçüncü sistemin ise 'ilişki' olduğundan bahsettim. Seanslar kadını ve erkeği konuşmaktan çok, ilişkiyi konuşmak içindi. Bu yüzden sistemdeki tüm sıkıntılara 'ilişki' bağlamında, hep beraber çözümler üretecektik.

Yiğit'e, "İlişki sisteminiz için Gamze Hanım gibi siz de adım atmak ister misiniz?" diye sorduğumda biraz çekinerek de olsa, "Tabii" dedi ve asıl sorunu konuşmaya başladık.

Yiğit'in evliliğin başından beri süregelen cinsel işlev bozuklukları vardı. Çözülemeyecek şeyler değildi bunlar ama Yiğit cinselliği öyle mahrem (!) görüyordu ki, hiç profesyonel yardım almayı düşünmemiş, "Kaderimiz böyleymiş, razı olalım." diye Gamze'nin cinsel taleplerini baskılamayı seçmişti. Hatta Gamze biraz ısrarcı olsa, "Kadın dediğin edepli olur, aklın fikrin o işte!" gibi kırıcı, tahkir edici cümleler kurmuştu. Çiftin –özellikle Yiğit'in– cinsel sorunları çözmenin öncesinde cinsellikle ilgili şemalarını fark etmesi ve doğru öğrenmeler gerçekleştirmesi önemliydi.

Toplumumuzda, özellikle erkeğin cinsel işlev bozukluğu yaşadığı durumlarda, kadının buna razı gelmesi gerekli görülür. Kadın namusu ve edebi temsil ettiğine göre, cinsel bir talebi olması namussuzluk ya da edepsizlik (!) olarak bilinecektir. Hele böyle bir konu var diye boşanmayı talep etmesi toptan basit/şehvet düşkünü bir kadın olarak görülmesine neden olacaktır.

Evlendiği gece görücü usulü evlilik yaptığı eşinin gençken geçirdiği bir kaza sonucu cinsel organını kaybettiğini dehşet içinde gören genç kızın ayrılmak istediğinde kayınvalidesinden duyduğu, "Neyin eksik! Her imkânı tanıdık sana! O iş de olmayıversin! Ne hafif kadınmışsın!" diyebilecek cüreti göstermesi, toplumumuzun kadın ve cinsellik konusunu nasıl uzak zihnî süreçlere koyduğunun en önemli örneklerindendir.

Erkek Cinsiyeti ve Cinselliği

Ataerkil toplumlar erkek cinsiyetçiliğine evrilmeye meyyal yapılar taşırlar. Erkek cinsiyetini cinsel organa indirgemek, zamanında Freud'un kadın psikolojisini anlatırken "Penis kıskançlığı vardır" tanımı yapabilmesine zemin hazırlayan cinsiyetçi bir toplum zihni oluşturur. Bu bakış açısı kadına zulmettiği gibi, işin özünde erkeğe de zulmetmektedir.

Ben bir kadın olarak erkek gücünün ve kalitesinin cinsel organa indirgenmesini erkek için oldukça aşağılayıcı buluyorum. Erkeğin sanki sadece haz merkezli yaşayan, dürtüsel, cinsel dürtülerine hâkim olamayan bir varlık gibi lanse edilmesinin yüce Rabbimizin insanı tanımlarken kullandığı *ahsen-i takvim* sıfatından oldukça uzağa düştüğüne inanıyorum.

Toplumumuzda erkek çocuklar büyürken pek çok cinsel ihlale maruz kalırlar. Edep ve hayâya dayalı bir içgüdüsel keşif ile şekillenmesi gereken hayatın ilk yılları –ne yazık ki– "Erkeğin malı (!) meydanda olur" inancı ile ortalığa saçılır. Kız çocuğunun altını bezlerken, üstünü değiştirirken sakınan ebeveynler erkek çocuğunun altını üstünü ulu orta değiştirmeyi *'doğal'* karşılar. Oysa cinsel kimlik gelişiminin en önemli şubelerinden biri, *bedenim bana özel* ilkesidir. Çocuk ancak kendi bedeninin dokunulmaz ve özel olduğunu bilebilirse ileride bir başka bedene dokunduğu cinsel yaşamı başladığında o bedenin dokunulmaz ve özel olduğunu hissedebilecektir. Zira bir başkasını koruyup sevebilmenin ilk adımı, kendini korumayı ve sevmeyi öğrenmektir.

Ülkemizde erkeğin cinsel gelişim sürecini zarara uğratan bir diğer gelenek, *sünnet törenleridir.* Sünnet olmak tüm semavi dinlerde var olan, sağlık için erkeğe önemli katkılar sağlayan medikal bir işlemdir. Fakat sünnet töreni üzerinde azıcık düşünsek, yapılmaması yapılmasından ehven olan kültürel bir uygulama olduğunu görmüş oluruz. Beraberce düşünelim; sünnet töreninde kutlanan şey nedir? Sadece bir organın kesilmesi işlemine 'erkekliğe geçiş' gibi bir anlam yüklemek ne derece doğrudur? Erkek çocuk ne yapmıştır da tahtlarda taşınmakta, padişah gibi muamele görmekte, hediyeler alınmaktadır? Çocuğa verilen mesaj nedir? Hele ki sünnet için süslenen arabalarda yer alan pankartlar insanı dehşete düşüren cinstendir. "Merak etmeyin kızlar, hepsini kestirmedim.", "Bugün sünnetçi beni bağırtıyor, yarın ben kızları bağırtacağım." gibi ne ahlaka, ne insanlığa, ne erkekliğe sığan cümleler erkek çocukların cinsel şema oluşumunda yıkıcı etkiler oluşturmaktadır. Oysa erkek tek bir organla tarif edilmeyecek, tebrik edilmeyecek, yüceltilmeyecek kadar değerli bir varlıktır.

Erkek çocuklar büyürken –aynı kız çocuklar gibi– cinsel hayatla ilgili cümleler duyarlar ve bu cümlelerle cinsel hayata dair bir algı oluştururlar. "Kedinin bacağını ilk günden kıracaksın!", "Gücünü göster ki sözünden çıkmasın.", "Hadi göreyim seni, göster gününü!" tarzı telkinler ve daha küçükten itibaren erkek çocukları övmek için kullanılan, "Büyüyünce çok can yakacaksın." tarzı sözler erkeği küçücük yaşlardan can yakmaya programlar niteliktedir. İlaveten, kızları metalaştıran, "Sana kız alalım." sözü erkeğin kadına bakışına, dolayısıyla sağlıklı cinsel hayatına engel olmaktadır.

"Evinde eşine destek olan, ona duygusal yakınlık gösteren, isteklerini önemseyen erkek 'kılıbık' değil, 'kalbi ılık' erkektir."

—Anonim

Cinsel işlev bozukluğu yaşayan erkeklerin psikolojisi incelendiğinde, genel olarak bir performans kaygısı yaşadıkları gözlemlenir. Nitekim cinsel birleşmede güçlük yaşayan erkeklere *iktidarsız* denmesinin tam karşılığı, cinsel hayatın bir *iktidar meselesi* olarak algılanmasıdır. Erkek sürekli hazır, istekli ve biyolojik olarak güçlü olmalıdır. Erkeğin cinsel hayatı konusundaki algı böyle olunca, sağlıklı bir cinsel yaşam için gerekli olan rahat bir psikoloji, yerini kaygılı bir performans derdine bırakmaktadır. Oysa cinsellikte kadını ve erkeği birinin diğerinden üstün olduğu ve iktidarını göstermesi gerektiği karşı iki cinsiyet gibi değil de birbirini tamamlayan, birbirinde huzur bulan iki insan olarak görebilsek, ne kadının zarar görme kaygısı ne erkeğin performans endişesi mevzu olacaktır.

Nedime ile Murat aile danışmanlığına geldiğinde, anlatmakta sıkıntı yaşadıkları cinsel bir sorunları vardı. Nedime üst üste 5 doğum yapmıştı ve vajen kaslarındaki deformasyon nedeniyle cinsel birleşmeden her ikisi de haz alamaz hâle gelmişlerdi. Öncelikle bir doktora gitmişler ve estetik müdahale denemişlerdi ama bütün bu uğraşlar zor geçen doğumların izlerini onarmaya yetmemişti. Nedime mahcup bir şekilde ağlarken, "Eşimi mutlu edemiyorum," diyerek utancını ifade ediyor, Murat ise, "Allah'tan gelen bir süreç, biz sadece nasıl yöneteceğimizi bilmiyoruz henüz." sözleriyle eşine duygusal destek veriyordu.

Nedime ile Murat'ın yaşadığı sorun pek çok evlilikte farklı yönleriyle karşımıza çıkabiliyor. Bazen kadın bedenine dair bir patoloji, bazen erkek bedenine dair bir süreç cinsel birleşmeyi imkânsız hâle getirebiliyor. Peki bu noktada ne yapmak gerekiyor?

Gelin birlikte, *'cinsel hayat'* derken tam olarak neyi kastediyoruz inceleyelim...

Cinsel hayat denildiğinde çoğu insanın anladığı, *cinsel birleşmedir.* Oysa karı kocanın cinsel paylaşımları cinsel birleşmeden ibaret değildir, olmamalıdır, bu sadece cinsel hayatın ufak bir bölümüdür.

Cinsellik, şehevi duygular barındıran, *oksitosin ve serotonin* gibi hormonların salınımı ile *bağ kurmamızı ve sevgi hislerimizi* artıran davranışların bütünüdür. Kadın ve erkeğin bakışmalarından el ele tutuşmalarına, sarılıp uzanmalarından cinsel birleşme olmaksızın birbirlerinin vücuduna dokunmalarına kadar pek çok davranış cinsel duygular barındırabilir. Cinselliği salt birleşmeye hapsetmek hem bu süreçteki doyumu azaltır hem de birleşmenin mümkün olamadığı durumlarda karı kocayı birbirinden uzaklaştırır.

Gamze ile Yiğit ve Nedime ile Murat'ın öykülerinde cinsel birleşmeye engel olan durumlar mevcuttu ama bu durumlar cinsel hayatı sıfırlamak zorunda değildi. Her iki çiftin de cinsel hayata bakışları cinsel birleşmenin ötesine çıktığında, içinde bulundukları durumla barışmaya başladılar. Birbirlerini –birleşme beklentisi olmadan da– keşfetmeyi deneyimlediler.

Bu noktada diyebiliriz ki, cinsel hayat şehevi duygularla bakışmak, mesajlaşmak, konuşmak, sarılmak, el ele tutuşmak, öpüşmek, masaj yapmak, birleşme olmaksızın dokunmak gibi eylemlerin tümüne denir. Bunlardan biri olmadığında cinsel hayatımızın tamamen bitmesine gerek yoktur.

Sağlıklı Bir Cinsel Hayat İçin Öneriler

Cinsel hayatı sağlıklı yaşayabilmek için önce çocukluğumuzdan beri oluşan yanlış şemalardan kurtulmamız, sonra da cinselliğin önemini olduğu hâliyle idrak etmemiz gerekir. Az önce kadın için ve erkek için hatalı şemalardan bahsettik. Gelin şimdi de cinsellik neden önemli sorusunun cevabını etraflıca konuşalım...

Aile danışmanlıklarında bazen kadınlardan, bazen erkeklerden, "Aman Hatice Hanım, cinsel hayat olmasa da olur." tarzı cümleler duyduğumda öncelikle yaratılış sistemimizden konuşmayı seviyorum. Diyorum ki:

"Yaratılışımızı gelin beraberce düşünelim. Allah (c.c.) kadına ve erkeğe ta küçücük yaşlardan itibaren karşı cinse yönelim duygusu vermiş. Bakıyoruz ve görüyoruz ki, 3 yaşındaki bir kız çocuğu babasına, bir erkek çocuğu annesine, 'Ben büyüyünce seninle evleneceğim.' diyor. Elbette bu cümle çok masum, cinsel bir anlamı yok. Ve fakat karşı cinsi fark edip buna yönlenmemiz bu denli küçük bir yaşta başlamış oluyor. Takribi 12-13 yaşına geldiğimizde ise artık duygularımızın içine şehevi motifler ekleniyor. Bu kadar fıtri, bu kadar doğal bir yönelme bu."

Peki şehvet sadece dürtüsel bir haz alım mekanizması mıdır? Aslında hayır.

Kadının ve erkeğin bedensel doyumu kadar ruhsal doyumunun da kapısıdır şehvet.

Kadın ve erkeğin dönem dönem bedeninde belli uyanımlar olur. Kan hızlı bir biçimde erojen bölgelere akarak kişiyi uyarır. Vücuttaki bu hareketlenme erkekte testosteron, kadında östrojen temellidir. İki farklı hormon, iki farklı cinsiyeti bir araya getirmek için görevini yapar. Nasıl ki hayvanların üreme sürecinde dişi hayvan belli kokular yayar ve erkek bu kokulara cezbolursa, kadın ve erkeğin cinsel çekim sürecinde de vücudun salgıladığı hormonlar belli koku fenomenleri ortaya çıkararak kadını ve erkeği birbirine doğru çekmeye başlar. Bu çekim ve uyarılma hâli cinsel birleşme olup sistem doyuma ulaşana değin devam eder.

Sadece bu kadarı bile cinsel hayatın önemini bize gösterir niteliktedir. Zira doğal bir biçimde oluşan bu biyolojik çekim doyuma ulaştırılamadığında patolojik bir enerji ortaya çıkmaya başlar. Yapılan araştırmalar, erkekte kaygı bozuklukları ve öfke kontrol bozukluğunun, kadında depresyon ve panik bozukluğun sağlıksız cinsel hayat motifiyle ilişkili olduğunu göstermiştir. Yani sadece sağlıklı bir evliliğin değil, sağlıklı bir psikolojinin gereği de sağlıklı bir cinsel hayattır.

Cinsel birleşme sırasında yalnızca östrojen ve testosteron hormonları görev almaz. Erkeğin ve kadının doyuma ulaştığı noktada beyinlerinde âdeta dopamin ve oksitosin patlaması yaşanır. Dopamin, beynin haz ve ödül noktalarına etki eden, bireyin yaşam sevincini ve hayat doyumunu artıran hormondur. Oksitosin ise bağ kurma hormonudur. Kadın ve erkek sağlıklı bir cinsel hayat yaşadıklarında, salgılanan yoğun oksitosin sayesinde birbirlerine *bağlı* hissederler. Bu öyle bir bağdır ki, cinsel ilişki sırasında salgılanan oksitosin miktarı neredeyse bir annenin bebeğini emzirirken salgılanan oksitosin miktarı kadardır. Anne-bebek arasında kurulan muazzam bağı düşündüğümüzde, cinsel hayatın karı koca arasında nasıl sarsılmaz bir bağ inşa ettiğini anlayabilmiş oluruz.

Oksitosin sadece cinsel birleşme ile değil, dokunmanın her türü ile aktive olan, tensel temasa hassas bir hormondur. Eşimize sarıldığımızda, el ele tutuştuğumuzda, yanağını okşadığımızda, koluna girdiğimizde... aramızdaki bağ hormonal boyutta artmış olur.

....

"Karı koca göz göze bakıştığı vakit yüce Mevla da onlara rahmet nazarıyla bakar. Eşler el ele tutuştuğunda ise küçük günahları parmakları arasından dökülüp gider."

—Hadis-i Şerif

....

Cinsel hayatın önemi ve kadın ile erkeğin doyuma ulaşmasının gerekliliği konusunda şunu da düşünmek gerekir. Yüce Mevla (c.c.) hiçbir sebebe muhtaç değildir, yarattığı sistemi bu şekilde yaratmış olmaya muhtaç değildir. Buna rağmen, üremeyi hayvanlarda ya da bitkilerde olduğu formatta yaratabilecekken içine lezzet, haz, doyum koyduğu ve eşlerin bağını güçlendirdiği bir şekilde yaratmıştır. Demek ki doğal ve fıtri olan, düzenli ve her iki tarafın da lezzet aldığı bir cinsel hayat için emek vermektir.

Cinsel hayat yemek, içmek, uyumak gibi biyolojik temelli bir süreçtir fakat nasıl ki yemek yerken pişirmeye, sunuma, yemek saatlerine özen gösteriyoruz, nasıl ki uyku hijyenimize dikkat ederek kaliteli uyku için gayret ediyoruz, cinsel hayatımız için de belli başlı konulara dikkat etmemiz ve gayretle emek vermemiz şarttır.

a. Cinsel Hayat ve Öz Bakım

Cinsel birliktelik kadının ve erkeğin bir başkasına, hatta annesine bile yasak olan bölgelerini birbirleriyle paylaştıkları, sadece onlara özel ve mahrem bir süreçtir. Bu süreçte tatmin olan ruh ve duygularken, sürece aracı olan şey bedenlerdir. Dolayısıyla beden bakımı cinsel hayatın sağlığı adına önemli bir şubedir.

Evlilik sonrası hem kadın hem erkekte –amiyane tabiriyle– "Alan almış satan satmış." rehaveti oluşabilir. Evlilik öncesi hem ilişkiye hem de bedene gösterilen özen yavaş yavaş ortadan kalkabilir. "Zaten her hâlimi biliyor." yanılgısı ne yazık ki çiftlerin arasındaki cinsel çekimi azaltan negatif bir etkiye dönüşmektedir.

Elbette kadının doğumları sonrası bedeninde oluşan deformasyonlar ya da her iki cinsin de yaş almasıyla beraber oluşan bedensel tahribatlar doğal ve normaldir. Kadının da erkeğin de saçı dökülebilir, cildi kırışabilir, bedenleri elastikiyetini yitirip sarkmalar ortaya çıkabilir. Bütün bu süreçler insan olmanın normalidir. Burada kastedilen şey, yaşımız ve beden sürecimiz ne olursa olsun gerekli bakımı, sporu, beslenme düzenini hassas bir biçimde devam ettirme gayretidir.

Latife ile Osman boşanma danışmanlığı almak için gelmişlerdi. Ayrılma sürecinde çocuklarının etkilenmemesi için bir anne-baba olarak yapmaları gereken şeyleri öğrenmek istiyorlardı. Boşanmayı düşünen her çifte sorduğum soruyu onlara da sordum: "Evliliğiniz için her şeyi denediniz mi? Bu karardan emin misiniz?" Seans odasında bir sessizlik oldu. Belli ki karı kocanın konuşacakları şeyler, içlerinde akıp giden kelimeler vardı. Sessizliği Osman bozdu:

"Hocam, psikolojik seanslarda ayıp günah olmaz diye düşünerek, affınıza sığınarak söylüyorum. Bizim cinsel hayatımızda sorunlar vardı. Aslına bakarsanız boşanma kararımız buradan temellendi."

Latife söze girerek eşinin ona yaklaşmak istemediğinden, cinsel soğukluğu olduğundan, süreç içinde kendisinin çok kırıldığından, kendini çirkin ve değersiz hissettiğinden bahsetti. Osman'ın gözlerini yere eğen hâli bir şeyler söylemek istiyor ama ortamdan rahatsız oluyor gibi gelgitliydi. Karı kocaya, "Belli ki konuşulması gereken şeyler var. Bir dahaki seans Osman Bey'i yalnız göreyim, sonra da Latife Hanım'ı yalnız dinleyeyim. Konuşalım, aranızdaki sorunları çözmeye gayret edelim. Sonucunda boşanma konusundaki fikriniz değişir ya da değişmez ama en azından gönül rahatlığıyla 'her şeyi denedik' dersiniz." dedim.

Osman'la yaptığımız seansta meselenin zemini ortaya çıkmaya başladı. Latife, evliliklerinin ikinci yılında bir arkadaşı vesilesiyle ehl-i tarik olmuştu. Mensup olduğu tarikatın öğretileri gereği bedenindeki tüyleri almayı bırakmıştı, sadece makasla kesip kısaltıyordu. Her an ölüm gelebilir düşüncesiyle gece uzun kollu, penye gecelikler giyiyor (anneanne tarzı denilen), altına şalvarını geçiriyor, başına tülbent takıp uyuyordu. Allah'ın 'helal' dediği pek çok şeyi kendine 'haram' kılmış gibiydi. Eşinin bu görüntüsü Osman'a annesini hatırlatıyor, cinsel olarak Latife'den uzaklaştırıyordu. Bunu eşine ifade ettiğinde, "Bir iki tüye mi takılıyorsun, sen beni öyle görmek istiyorsun diye günaha mı gireyim?" diye kızgın bir karşılık almış, konuyla ilgili isteklerini ifade etmeyi bırakmıştı. Böyle böyle cinsel hayatları azalarak son bulmuştu.

Bunun gibi pek çok hikâye cinsel hayatın görsellikten ne denli çok etkilendiğini hatırlatır bizlere. Kadının ve erkeğin bedenine bakmasının, hijyenine dikkat etmesinin ve kendi ortak zamanlarında iki arkadaş, iki ebeveyn gibi değil 'iki sevgili' gibi hareket etmelerinin gerekliliğini fısıldar. Karı koca ilişkisinde diş fırçalama, bedensel temizlik, saç bakımı, tırnak bakımı gibi bireyin zaten kendi sağlığı için ihmal etmemesi gereken alanların ve eşimizin yanında giyim kuşamımızdaki hassasiyetimizin önemini vurgular. Tüm bu süreçler önemlidir zira yapılan araştırmalar, eşlerini fiziksel olarak beğenen kadın ve erkeklerde cinsel doyumun ve yaşam doyumunun daha fazla olduğunu göstermektedir. Bu bağlamda bize düşen, önce kendi değerimiz ve öz saygımız, sonrasında da evliliğimize verdiğimiz değer bağlamında öz bakımımıza özen göstermektir.

b. Cinsel Hayat ve Ebeveynlik

Pek çok ailede karı kocalık ebeveyn olduktan sonra çıkarılıp portmantoya asılan bir gömlek gibidir. Özellikle çocuklar küçükken kadınlar 'anne', erkekler 'baba' rolünü o denli benimserler ki, aralarındaki *şehvet* enerjisi zaman içinde form değiştirip *şefkate* dönüşür. Tabiri caizse, hem çocuklarına hem de birbirlerine ebeveynlik yapmaya başlarlar.

Eş olma rolünün ebeveynlik rolü altında ezilmeye başladığı nokta, gebelik süreciyle başlar. Erkekte *şefkat* duygusuyla şekillenen "Bebeğe zarar veririm," hassasiyeti cinsel hayatı azaltmaya başlar. Oysa normal ilerleyen bir gebelikte cinsel birleşmenin bebeğe zarar vermesi söz konusu değildir. Erkeğin "Zarar veririm" endişesiyle hamile eşinden uzak durması, kadının değişen bedeninin beğenilmediğini düşünmesine ve kendini çirkin hissetmesine neden olur. Kadın beğenilmediğini sandıkça eşinden uzaklaşır, kadın uzaklaştıkça erkek bunun gebelikle ilgili olduğunu düşünüp cinsel duygularını baskılar ve böyle böyle anne-babalık *şefkati* karı koca *şehvetinin* yerini almaya başlar.

Yeni doğmuş bebek özellikle ilk iki yıl anneye bağımlı simbiyotik bir hayat sürer. Bu süreçte anne gece gündüz bebeğini emzirir, onu koynunda uyutur, sarıp sarmalar. Kadının bebeğine bağlandığı bu süreçlerde erkek kendini dışlanmış hissedebilir. Pek çok babanın karı koca yatağını terk edip içeri odada uyumaya gitmesi –her ne kadar anne ile bebek rahat etsin diye denilse de– aslında anne-bebek kıskançlığının davranışsal yansımasıdır. Bununla birlikte erkeğin yatağı terk etmesi kadını psikolojik olarak yormaz. Zira kadının koynunda ona tamamen bağlı, sürekli sarılan, sokulan minik bebeği vardır. Lakin eşin yerine bebeği koyma durumu karı kocanın arasını açtığı gibi ileriki yıllarda anne ile çocuk arasında patolojik bir bağımlılık ilişkisi oluşturacaktır.

Kadın ve erkeğin fıtraten ihtiyaç duyduğu duygusal ya da psikolojik süreç ebeveynlik rolü ile karşılanmamalıdır. Kadının sarıp sarmalanma ihtiyacı, sevilme, beğenilme, ilgi duyulma arayışı eşine yöneliktir. Aynı şekilde erkeğin dokunulma, sakinleştirilme, etken ilgi görme ihtiyacının muhatabı çocuğu değil, eşidir. Bu nedenle ebeveynlik gibi önemli bir nedenle dahi olsa yatakları ayırmak ve cinsel hayatı bırakmak doğru değildir. Bu süreçte çocuk ebeveyn yatağında yatıyorsa içeri odaya geçerek, çocuğun uyuduğu vakitlerde "Hemen ben de uyuyayım," koşuşmasından çok, "Eşime vakit ayırayım." hassasiyetimizi artırarak cinsel hayatımızı sağlıkla sürdürmeye gayret etmemiz elzemdir.

Deniz ve Şükrü 6 aydır ayrı yataklarda yatıyorlardı zira yataklarına doluşup gelen iki küçük yavruları vardı. Anne çocukları ile uyuyor, eşi Şükrü oturma odasında yatıyordu. Karı koca, ayrı yattıkları bu süreçte sadece cinsel birlikteliği değil, karı koca duygusal yakîni de yitirmeye başlamışlardı. Evin düzeni acilen olması gerektiği gibi oluşturulmalıydı. Seanslarımızın çözüm kısmında öncelikle çocukların uyku düzenini ve odalarında uyuma becerilerini çalışarak başladık. Gece 23.00-00.00 gibi uyuyan çocukların uyku saatini adım adım 21.00'e çektik ve anne-babaya karı koca rolleri için zaman açtık. Çocuklar kendi yataklarında yattılar, gece uyanıp ebeveyn odasına gelseler dahi ne anne ne baba yataktan ayrılmadı. İlişkileri günbegün kaliteli hâle gelmeye başladı.

Aynı yatakta yatmak sadece cinsel birleşme için gerekli değildir. Karı kocanın sarılarak, el ele tutuşarak uyuması, gece birbirine değen el ve ayaklar tensel temas demektir. Dolayısıyla uyurken farkında bile olmadığımız bu temas hâli oksitosin salgısını tetikleyerek bağlanma hormonunu aktive eder. Yatağını ayıran çiftler farkına bile varmadan zaman içinde adım adım duygusal olarak da uzaklaşmaya başlar. Evlilikteki güvenli bağ zedelenmiş olur. Bu nedenle çiftlerin anne-baba olmadan önce *eş* olduklarını hatırlamaları ve bu iki rolü denge içinde yaşamaya çalışmaları elzemdir.

c. Cinsel Hayat ve Rutini Kırmak

Pek çok danışanım cinsel hayatlarında sıkıcı bir rutin olduğundan ve eşlerinin bu konuda hiç gayret göstermediğinden bahseder. Bazı tabularımız, öğrenmelerimiz ya da utançlarımız cinsel hayatı akıp giden coşkun bir nehir gibi yaşamanın önüne geçip, suyu cılız bir dere formuna mahkûm bırakabilir. Bu noktada Said Nursi Hazretlerinin, "Helal daire keyfe kâfidir." sözünü hep birlikte hatırlayalım isterim. Ve gelin cinsel hayata dair helalleri beraberce konuşmaya başlayalım.

Yüce Mevla bizlere insan olarak doğduğumuz gibi, *insan olarak kalmanın* yollarını da ayet ayet bildirirken –dikkat ederseniz– helal olan şeyleri değil, haram olan şeyleri söyler. Nitekim helaller bir tane değildir. Saymaya kalksak, ömrümüzün yetemeyeceği kadar çok helal nimetle donatılmışızdır. Bununla birlikte haramlar sayılıdır. Bu haramları bir dış çizgi olarak –yani sınır olarak– kabul edersek, haramların dışında kalan diğer her şey helallerimizi bize ifade eder.

Konu cinsellik olunca, haram olanın ne olduğu Kur'an-ı Kerim'de, *"Sana kadınların âdet hâlini soruyorlar. De ki, o bir eziyettir. Âdet günleri onları rahat bırakın. Temizleninceye kadar kendilerine yaklaşmayın.*

Tertemiz oldular mı, onlara Allah'ın size buyurduğu yerden yaklaşın. Allah tövbe edenleri sever, tertemiz olanları da sever." (Bakara Suresi, 2:222) ayeti ile belirtilmiştir. Bu ayete göre hayız döneminde ve anal yoldan ilişkiye girmek yasaklanmıştır. Bu bize şunu ifade eder ki, bu yasakların dışında kalan cinsel süreçler helaldir.

Cinsel hayata bu bağlamda baktığımızda, aslında ne kadar rutinden uzak bir alan olduğunu görmüş oluruz. Nitekim haram alanlar o denli azdır ki, karı koca ilişkimizi renklendirmek için kullanabileceğimiz onlarca farklılık bulmak mümkündür. Burada önemli olan karşılıklı isteklerimizi konuşup paylaşırken eşimizin talep ve önerilerine sadece *haram sınırı* çekmemiz gerektiğidir. Bir şey haramsa ondan uzak durmak bizim kırmızı çizgimizdir. Fakat unutmamalıyız ki, helaller helaldir. Helal olan önerileri utancımıza ya da öğrendiğimiz telkin ya da şemalara yenik düşüp yapmamak ve uzak durmak ilişkimiz için bir kayıp hükmündedir. Nitekim insan helali haramlaştırarak hem kendine hem ilişkisine zorluk oluşturmuş olur.

Anne-baba olmadan önce karı kocaydık. Eğer bu rolümüzü unutur, ihmal edersek çocuklar yuvadan uçtuğunda iki yabancı gibi kalırız.

Hasılıkelam...

Evlilik, kadın ve erkeğin birlikteliğinden oluşan, geniş aile ilişkilerini de içeren ve zaman içinde çocuklarla şenlenen oldukça kapsamlı bir kurumdur. Bu bağlamda baktığımızda bir kitap içerisinde her konuya değinmenin mümkün olmadığını biliyoruz. Ben bu kitapta işin temeline konulması gerektiğine inandığım ilişki şemalarından, evliliğe dair duygu, düşünce ve davranış kalıplarımızdan, psikolojik yapımızdan, zor ilişkilerde durabileceğimiz noktalardan ve evlilikte cinsel hayat başlığından bahsetmeye çalıştım. Umuyorum ki, evlilik yolculuğumuza katkı sağlamış olsun.

Bununla birlikte kitapta yer alan vaka örnekleri olayları yaşayan kişilerin izni ile ve olayların dokusu korunmakla birlikte kişisel bilgileri değiştirilerek aktarılmıştır. Bir başkasının yaşadığı her bir olay bize iki şey hatırlatır: Yaşadığımız sıkıntılarda yalnız olmadığımızı ve büyük sandığımız sıkıntıların iyileşebileceğini... Umuyorum ki, eğer evliliğimizde problemler yaşıyorsak bu örnekler ve çözümleri bize umut vermiş ve yol göstermiş olsun.

Bazı başlıklarda bir çözüm önerisi olarak *ayrılmaktan* bahsettiğimi fark etmişsinizdir. Her ne kadar toplumumuzun genel yapısı, *"Gelinliğinle girersin, kefeninle çıkarsın."* anlayışına daha yatkın olsa da, evlilik bir mahkûmiyet, bir eziyet olarak yaşansın diye yaratılmamıştır. Elbette her evlilikte sorunlar olması doğaldır. Fakat karşımızda sorunları düzeltmeye yaklaşmayan, değişime kapalı, tedavi olamayacak yıkıcı bozuklukları olan, fiziksel ve/veya psikolojik sağlığımıza ısrarla zarar veren biri varsa ayrılma seçeneğinin daha insani ve hatta gerekli olduğunu düşünmek elzemdir. Nitekim boşanmak, Rabbimizin hoşlanmadığı formda da olsa bir helal iken, kişinin bile isteye kendi nefsine zulmetmesi (ya da zulmedilmesine rıza göstermesi) haramdır. *(Hadis-i*

Şerif) Umuyorum ki, bu satırlar evliliğimizle ilgili gayret ederken kendi sınırlarımızı korumakta da yardımcı olsun.

Bu kitabı okuyor olmanız evliliğinize ne denli önem verdiğinizin bir kanıtıdır. Bu konuda gösterdiğiniz gayretin işaretlerinden biridir. Toplumun en önemli kurumu olan 'aile' kurumuna gösterdiğiniz hassasiyet için ülkem adına, *İyileşen Evliliğim* kitabına gösterdiğiniz ilgi için şahsım adına teşekkür ederim. Umuyorum ki, evlilik konusundaki iyi niyetininiz ve emekleriniz akıbetiniz de olsun.

Genellikle seminerlerden, eğitimlerden sonra bana, "Tamam da Hatice Hanım nereden başlayalım? İlk adım ne olsun?" diye soran çok olur. Kitabın sonuna, evliliğimizdeki doyumu sınamak adına bir ölçek ve karı koca beraberce niyetimizi tazelemek adına bir son söz/leşme bırakıyorum. İlk adım niyetine; eşimizle birlikte ölçeği çözerek ilişkimizdeki doyumu ölçebilir, sonrasında eksik gördüğümüz/hissettiğimiz her ne varsa tamam edebilmek için beraberce niyet ederek yeni bir sayfa açabiliriz.

Çünkü hayat ilişkimize emek vermeyi terk edebilecek kadar uzun,

Cennet karı koca beraberce gayret etmeden ulaşabileceğimiz kadar ucuz değil...

Sevgilerimle...

Evliliğimizdeki Doyumu Ölçelim

Aşağıdaki testi eşinizle ayrı ayrı cevaplayıp, verdiğiniz cevaplardaki puan aralığını karşılaştırabilirsiniz. Cevaplarınızı verirken olması gerektiğine inandığınız değil, hâlihazırda varlığını hissettiğiniz duygu ve davranışları tercih etmeniz sonucun doğruluğu açısından önemlidir.

Cevapların puan değerleri:

Eğer verilen cümle size uygun değilse (1) numarayı işaretleyin.

Eğer verilen cümle konusunda kararsızsanız (2) numarayı işaretleyin.
Eğer verilen cümle kesinlikle size uygunsa (3) numarayı işaretleyin.

1. Eşimin sevgisini kaybetmekten korkarım. (1) (2) (3)

2. Gerçekte ne hissettiğimi eşime göstermemeyi tercih ederim. (1) (2) (3)

3. Sıklıkla, eşimin artık benimle olmak istemeyeceği korkusuna kapılırım. (1) (2) (3)

4. Özel duygu ve düşüncelerimi eşimle paylaşmak konusunda rahat hissederim. (1) (2) (3)

5. Sıklıkla, eşimin beni sevip sevmediği konusunda endişe duyarım. (1) (2) (3)

6. Eşime kendimi bırakıp güvenme konusunda sorunlar yaşarım. (1) (2) (3)

7. Eşimin beni benim onu önemsediğim kadar önemsemediğini düşünürüm. (1) (2) (3)

8. Eşimle yakın ilişkiye girme konusunda çok rahat hissederim. (1) (2) (3)

9. Eşimin bana olan hislerinin benim ona olan hislerim kadar güçlü olmasını isterim. (1) (2) (3)

10. İlişkimizi kafama çok takarım. (1) (2) (3)

11. Eşime fazla yakın olmamayı tercih ederim. (1) (2) (3)

12. Benden uzakta olduğunda, eşimin başkasına yakın olabileceği konusunda endişe duyarım. (1) (2) (3)

13. Eşim bana çok yakın olmak istediğinde rahatsızlık duyarım. (1) (2) (3)

14. Eşime duygularımı gösterdiğimde onun bana karşılık verip vermeyeceği konusunda endişelenirim. (1) (2) (3)

15. Eşimle kolayca yakınlık kurabilirim. (1) (2) (3)

16. Eşimin beni terk edeceğinden pek endişe duymam. (1) (2) (3)

17. Eşimle yakınlık kurmak bana zor gelmez. (1) (2) (3)

18. Başka çiftler gibi yakın olamadığımızı düşünürüm. (1) (2) (3)

19. Eşimin 'gerçek ben'den hoşlanmayacağını düşünürüm. (1) (2) (3)

20. Eşime sık sık sevgimi ifade ederim. (1) (2) (3)

21. Güler yüzlü biriyim. (1) (2) (3)

22. Sohbet ederken genellikle eşime dokunurum. (1) (2) (3)

23. Eşim onu sevdiğimi gayet iyi bilir. (1) (2) (3)

24. Yanlış bir şey yaptığımda özür dilerim. (1) (2) (3)

25. Eşim bana bir hizmette/yardımda bulunduğunda minnet duyar ve teşekkür ederim. (1) (2) (3)

26. Eşimi sevdiğimi ona sarılarak, dokunarak, öperek sık sık gösteririm. (1) (2) (3)

27. Cinsel hayatımız gayet iyidir. (1) (2) (3)

28. Cinsel konularda isteklerimi rahatlıkla dile getirebilirim. (1) (2) (3)

29. Cinsel mutluluğu hak ettiğimi düşünürüm. (1) (2) (3)

30. Evliliğimde cinsel ve duygusal doyuma ulaştığımı düşünürüm. (1) (2) (3)

31. İlişkimizde bir problem olduğunda bunu konuşarak hâlledebiliriz. (1) (2) (3)

32. İlişkimizin sınırlarını korur, üçüncü kişileri dahil etmeyiz. (1) (2) (3)

33. Karı koca ilişkimiz çocuklardan sonra oldukça azaldı. (1) (2) (3)

34. İlişkimize emek verdiğimizi düşünmüyorum. (1) (2) (3)

35. Başa dönsem yeniden eşimle evlenirdim. (1) (2) (3)

35-52 puan arası: Evlilik doyumunuz oldukça düşük görünüyor. Maddelere bakarak hangilerinde eksikler var beraberce tespit edebilir, üzerine konuşabilir, bu konuda beraberce danışmanlık alarak evliliğinizi iyileştirme yoluna girebilirsiniz.

53-70 puan arası: Evlilik doyumunuz orta seviyede, onu artırmak için hangi alanda çalışmaya ihtiyacınız var? Eşinizle tespit etmeye ne dersiniz?

70-105 puan arası: İlişkinizden oldukça güzel bir doyum sağladığınızı söylemek mümkün. Bu doyumu koruyabilmek adına ilişkinize yatırım yapmaya devam edin. Dünyadaki cenneti eşinizle birlikte ilmek ilmek örmek size çok iyi gelecek.

Son Söz/leşme

İçine doğduğum aileyi ben seçmedim ama kurduğum yuvada aile olmayı ben seçiyorum. Seçtiğim yuvada mutluluğu seçmek için elimden gelen gayreti göstereceğime söz veriyorum.
Kendimi eşimin gözünden görmeye, eşimin gözünde kendimi görmeye, eşime gözümde ve gönlümde yer vermeye, tüm yaralarımı evlilik merhemiyle iyi etmeye niyet ediyorum.
Hayatta iki doğum var derler. İlki anne rahminden dünyaya, ikincisi kişinin kendi kurduğu dünyasına... Kendi kurduğum dünyanın tüm sorumluluğunu almaya, her daim güzelleştirmeye odaklanmaya, gönül evimi eşimle yuva yapmaya dua ediyorum.
Muhakkak acı günlerimiz de olacak. Birbirimizin canını acıtan değil acısını alan, yara açan değil yarasına merhem olan eşler olup zor zamanlardan güçlenerek çıkabilmek için Rabbime niyaz ediyorum.
Her daim evliliğimde;
Rakip değil ekip,
Teessür değil teşekkür,
Kavga değil anlayış,
Tahkir değil takdir,
Tavır değil sabır,
Problem değil çözüm,
Şikâyet değil şükür,
Şefkat kadar şehvet yağmurları yağmasını diliyorum.
Ve umuyorum ki, bu yağmurlara el ele ve şemsiyesiz tutulalım.
Hayat yolculuğumuzda düşersek evliliğimize tutunalım.
Ve sadece dünyada değil, cennette de birbirimize eş olalım.
Âmin, Âmin, Âmin!

Başucumdaydılar

Bibliyografya

Kur'an-ı Kerim

1. Alice Munro– *Nefret, Arkadaşlık, Flört, Aşk, Evlilik*
2. Banu Yazgan İnanç, Esef Ercüment Yerlikaya– *Kişilik Kuramları*
3. Cem Mumcu– *Kendine Bakma El Kitabı*
4. Christian Keysers– *Empatik Beyin*
5. Deb Dana– *Terapide Polivagal Teori*
6. Diane Zimberoff– *Kurban Tuzağından Kurtulmak: Kişisel Gücümüzü Geri Almak*
7. DİB– *O'nun Gibi Yaşamak*
8. Doğan Cüceloğlu– *Evlenmeden Önce*
9. Doğan Cüceloğlu– *İletişim Donanımları*
10. Doğan Cüceloğlu– *İnsan ve Davranışı*
11. Doğan Cüceloğlu– *Mış Gibi Yaşamlar*
12. Dorlion Kollektif– *Evlilik Sanatı&Karı koca İlişkileri ve Cinsel Hayat*
13. Engin Geçtan– *İnsan Olmak*
14. Erich Fromm– *Sevme Sanatı*
15. Faruk Beşer– *Risale-i Nur'da Kadın, Aşk ve Evlilik*
16. Fatih Reşit Civelekoğlu– *Evlilik Kader Mutluluk Tercihtir*
17. Gerald Weeks, Stephen Fife, Colleen Peterson– *Evlilik Terapisi Teknikleri El Kitabı*
18. Gerard Weeks, Stephen Treat– *Çiftler Terapide*
19. Hal Edward Runkel, Jenny Runkel– *Bağırmayan Karı Koca Olmak*
20. Hatice Kübra Tongar– *İyileşen Çocukluğum İyileşen Anneliğim*
21. Hamdi Kalyoncu– *Mutluluk için Duygu Eğitimi*
22. Irvin Yalom– *Evlilik Terapisi*
23. İbrahim Ethem Özgüven– *Evlilik ve Aile Terapisi*

24. James Jensen– *Bilinçaltı Zihninizin Gücü*
25. Jeffrey E. Young– *Şema Terapi*
26. John Bowlby– *Bağlanma*
27. Jüng Willi– *Aşk ve Evlilik Terapisi/Kadın ve Erkeğin Birlikte Gelişimi*
28. Kemal Sayar– *Kültür ve Ruh Sağlığı*
29. Kurtman Ersanlı, Melek Kalkan– *Evlilik İlişkilerini Geliştirme Kuram ve Uygulamalar*
30. Marshall Rosenberg– *Şiddetsiz İletişim*
31. Mehdi Aksu– *Sünnete Uygun Evlilik ve Aile Hukuku*
32. Mehmet Paksu– *Sünnete Uygun Evlilik*
33. Mehmet Z. Sungur– *Aşk, Evlilik, Sadakatsizlik*
34. Mustafa Merter– *Nefs Psikolojisi*
35. Mustafa Merter– *Dokuz Yüz Katlı İnsan*
36. Nevzat Tarhan– *Son Sığınak Aile*
37. Nevzat Tarhan– *Bilinçli Aile Olmak*
38. Nevzat Tarhan– *Mevlâna ile Aile Terapisi*
39. Nevzat Tarhan– *Aşk Terapisi*
40. Nusret Karabiber– *Kadın ve Evlilik*
41. Osman Necati– *Kur'an ve Psikoloji*
42. P. J. Proudhan– *Aşk ve Evlilik*
43. Paul Stallard– *İyi Düşün İyi Hisset*
44. Robert Leahy– *Bilişsel Terapi ve Uygulamaları*
45. Serap Nazlı, İlhan Yalçın, Murat Boysan, Tuğba Sarı, Leyla Ercan, Zeynep Kızılaslan, Pınar Çağ, Özlem Gündüz, Semra Kiye, Orhan Yoncalık, Nur Özden– *Evlilik ve Aile Psikolojik Danışmanlığı*
46. Senai Demirci– *Ve Aşk Evliliğin Ellerinden Tuttu*
47. Serkan Karaismailoğlu– *Kadın Beyni Erkek Beyni*
48. Stan Tatkin– *Biz Böyle Yapıyoruz*
49. Stan Tatkin, *Sevgi ile Bağlanma*
50. Sigmund Freud– *Psikanaliz Üzerine*
51. Tahir Özakkaş– *Kendilik Çözümlenmesinin Şerhi*
52. Tiffany Watt Smith– *Duygular Sözlüğü*
53. Yaşar Kuzucu– *Duyguların Farkındalığı ve İfadesi*

Bilimsel Kaynaklar

- Ainsworth, M. D. S. (1979). Infant-mother attachment. American Psychologist, 34(10), 937. http://doi.org/doi.org/10.1037/0003-066X.34.10.932
- Asoğlu, M., ve ark. (2018). Yaygın Anksiyete Bozukluğu Tanısı Konulan Hastaların Anksiyetelerinin İfade Biçimlerinin Kültürel Yansımaları, *Bezmialem Science*; 6(4): 242-7.
- Babic, T., & Browning, K.N. (2014). The role of vagal neurocircuits in the regulation of nausea and vomiting. *European Journal of Pharmacology*, 722:38-47. doi:10.1016/j.ejphar.2013.08.047
- Balkan, İ., (2009). Bağlanma Stillerinin Evlilik İlişkisine Etkileri, İstanbul Üniversitesi Sosyal Bilimler Enstitüsü Psikoloji Anabilim Dalı Doktora Tezi.
- Breit, S., Kupferberg, A., Rogler, G., & Hasler, G. (2018). Vagus nerve as modulator of the brain-gut axis in psychiatric and inflammatory disorders. Frontiers in Psychiatry, https://doi.org/10.3389/fpsyt.2018.00044
- Bulut, I. (1990). *Aile değerlendirme ölçeği el kitabı*, Ankara: Özgüzeliş Matbaası.
- Cann, A., Norman, M. A., Welbourne, J. L., ve Calhoun, L. G. (2007). Attachment styles, confl ict styles and humour styles: Interrelationshiops and associations with relationship satisfaction. *Europan Journal of Personality*, 22, 131-146.
- Canel, A. N., (2012). Evlilik ve Aile Hayatı, AEP Uygulama ve Yaygınlaştırma Projesi.
- Çağlayan, Y., İpek, M., (2019). Çiftlerde Bağlanma Stilleri, Evlilik ile Evlilik Uyumu İlişkisinin İncelenmesi, *Aydın Sağlık Dergisi*, Yıl 5 Sayı 2
- Çiğdem, R., (2016). İslam'ın Cinsel Hayata Yaklaşımı, *İslam Hukuku Araştırmaları Dergisi*, sy. 28, 2016, s. 117–135.

- Davis, M.H. & Oathout, H.A. (1987). Maintenance of satisfaction in romantic relationships: Empathy and relational competence, *Journal of Personality and Social Psychology*, 53(2), 397-413.
- Düzgün, G. (2009). Evli Kişilerde Depresyon, İlişkiye İlişkin İnanç, Kendini Ayarlama Düzeyinin Evlilik Uyumu ile İlişkisi. Ankara Üniversitesi Sosyal Bilimler Enstitüsü. Yayınlanmamış Yüksek Lisans Tezi. Ankara.
- Gordon, K. C., Baucom, D. H., Epstein, N., Burnett, C. K., ve Rankin, L. A. (1999). The interaction between marital standards and communication patterns: how does it contribute the marital adjustment? *Journal of Marital and Family Therapy*, 25(2), 211-223.
- Hawton K, Catalan J, (1986). Prognostic factors in sex therapy, Behav Res Ther, 24:377-85, 1986
- Haley, J. (1988). *Psikolojik Sorunlar ve Psikoterapi*, (Uzunöz, A, Çev.) Ankara: Çark Kitabevi Yayınları.
- Hünler, O. S. ve Gençöz, T. (2003). Boyun eğici davranışlar ve evlilik doyumu ilişkisi: Algılanan evlilik problemleri çözümünün rolü, *Türk Psikoloji Dergisi*, 18(51), 99-108.
- Eldoğan, D., (2016). Hangi Narsisizm? Büyüklenmeci ve Kırılgan Narsisizmin Karşılaştırılmasına İlişkin Bir Gözden Geçirme, Türk Psikoloji Yazıları, 19 (37), 1-10.
- Elliott, M. W. (1982). Communication and empathy in marital adjustment, *Home Economics Research Journal*, 11(1), 77-88.
- Er, O., Özdel, K., Özpolat, A., (2010). Vajinismus, *Kriz Dergisi*, 18 (3): 37-45
- Erbek, E., Beştepe, E., Akar, H., Eradamlar, N. ve Alpkan, R. L. (2005). Evlilik uyumu, *Düşünen Adam*, 18(1), 39-47.
- Erdinç, İ., (2018). Evli Çiftlerde Evlilik Uyumu, Cinsel Yaşam Doyumu ve Yaşam Doyumu Arasındaki Bağın İncelenmesi, Geli-

şim Üniversitesi Sosyal Bilimler Enstitüsü Psikoloji Anabilim Dalı Klinik Psikoloji Yüksek Lisans Tezi.

- Erdoğan, S. (2007). Evlilik Uyumu ile Psikiyatrik Rahatsızlıklar, Bağlanma Stilleri ve Mizaç ve Karakter Özellikleri Arasındaki İlişkilerin İncelenmesi, Gazi Üniversitesi Tıp Fakültesi Psikiyatri Ana Bilim Dalı. Uzmanlık Tezi. Ankara.

- Erzen, E. (2016). Three dimensional attachment style scale, Inonu University Journal of the Faculty of Education, 17(3), 01-21. DOI: 10.17679/iuefd.17323631

- Fidanoğlu, O. (2007). Evlilik Uyumu İle Eşlerin Somatizasyon Düzeyleri Arasındaki İlişki ve Diğer Sosyodemografik Değişkenler Açısından Karşılaştırılması. Marmara Üniversitesi Sağlık Bilimleri Enstitüsü. Yayınlanmamış Yüksek Tezi. İstanbul

- Kağıtçıbaşı, Ç. (2000). *Kültürel psikoloji (Kültür bağlamında insan ve aile),* İstanbul: Evrim Yayınevi.

- Kağıtçıbaşı, Ç. (2004). *Yeni insan ve insanlar* (10. Basım), İstanbul: Evrim Yayınevi.

- Kılıç, E. (2009). *Aile terapileri. Psikoterapi Yöntemleri*, Ankara: Hekimler Yayın Birliği.

- Kocadere, M. (1995). İyi ve Kötü Evliliklerin Özelliklerini Belirlemeye Yönelik Betimsel Bir Çalışma. Ege Üniversitesi Sağlık Bilimleri Ensititüsü. Yayınlanmamış Yüksek Lisans Tezi. İzmir.

- Long, E.C.J. (1994). Maintaining a stable marriage: Perspective taking as a predictor of a propensity to divorce, *Journal of Divorce and Remarriage*, 21, 121-138

- https://www.health.harvard.edu/staying–healthy/understanding–the–stress–response

- Özgüven, İ. E. (2000). *Evlilik ve aile terapisi*, Ankara: PDREM Yayınları.

- Papp, L. M., Kouros, C. D. ve Cummings, E. M. (2010). Emotions in marital confl ict interactions: empathic accuracy, assumed similarity, and the moderating context of depressive symptoms, *Journal of Social and Personal Relationships*, 27(3), 367-387.

- Porges, S. W. (2009). The polyvagal theory: New insights into adaptive reactions of the autonomic nervous system. Cleveland Clinic Journal of Medicine,76(Suppl_2). doi:10.3949/ccjm.76.s2.17
- Rodoplu, A., (2019). Evli Çiftlerde Evlilik Doyumu ile Cinsel Doyum Arasındaki İlişkinin İncelenmesi, Gelişim Üniversitesi Sosyal Bilimler Enstitüsü Psikoloji Anabilim Dalı Klinik Psikoloji Yüksek Lisans Tezi.
- Sardoğan, M. E. ve Karahan, T. F. (2005). Evli bireylere yönelik bir insan ilişkileri beceri eğitimi programının evli bireylerin evlilik uyum düzeylerine etkisi, *Ankara Üniversitesi Eğitim Bilimleri Fakültesi Dergisi*, 38(2), 89-102.
- Schmidt, A., (2019). Kernberg ve Kohut'un Narsistik Kişilik Bozukluğu Kuramlarının Karşılaştırması, *Türk Psikiyatri Dergisi*; 30(2):137-41.
- Tarhan, N., (2009). Evlilikte Cinsel Hayat, *Psikohayat Dergisi.*
- "The Body Keeps the Score" by Bessel van der Kolk (2014). Chapter 5.
- Tutarel-Kışlak Ş., Çabukça F. (2002). Empati ve demografik değişkenlerin evlilik uyumu ile ilişkisi, Aile ve Toplum. *Eğitim-Kültür ve Araştırma Dergisi*, 5:35-41.
- Türkçapar, H., Sungur, M. Ve Sargun, E. (2009). *Bilişsel davranışçı terapiler.* Psikoterapi yöntemleri içinde (77-144), Ankara: Hekimler Yayın Birliği.
- Pehlivan, K., (2006). Psikiyatrik kadın hastalarda evlilik ve ebeveyn olma: Bir gözden geçirme, *Düşünen Adam*, 19:143-54.
- Şeker, C., (2015). Yahudilikte Evlilik ve Cinsellik Anlayışı/Ahlakı, Sayı: 44, ss. 247-271.

- Şener, A. ve Terzioğlu, R. S. (2002). Ailede eşler arasında uyuma etki eden faktörlerin araştırılması. Ankara: T.C. Başbakanlık Aile Araştırma Kurumu Başkanlığı.

- Yılmaz, A. (2001). Eşler arasındaki uyum: Kuramsal yaklaşımlar ve görgül çalışmalar, *Aile ve Toplum Dergisi*, 4(1), 49-58.